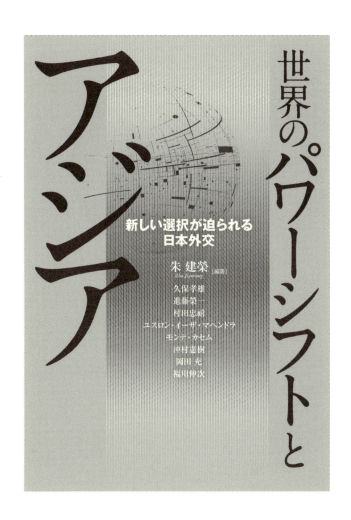

世界のパワーシフトとアジア

新しい選択が迫られる日本外交

朱 建榮 [編著]
Zhu Jianrong

久保孝雄
進藤榮一
村田忠禧
ユスロン・イーザ・マヘンドラ
モンテ・カセム
沖村憲樹
岡田 充
福川伸次

花伝社

世界のパワーシフトとアジア
——新しい選択が迫られる日本外交

目　次

第Ⅰ部　新旧「世界秩序」の移行

第一章　大転換の時代 ……………………………………………… 9
──「南北逆転」「東西逆転」の進む世界と日本の課題
（久保孝雄）

世界史的大転換の時代始まる　9

挫折したアメリカの「グランド・ストラテジー」　13

アイデンティティ・クライシスに直面する米・欧・日　19

日本のアイデンティティ・クライシスと中国問題　23

米中の狭間に生きる日本のナショナル・アイデンティティ　25

追記　28

第二章　新旧二つの世界の交代 ……………………………………32
──日本が取るべきは「連欧連亜」の道
（進藤榮一）

二つの世界と2匹の妖怪　32

最近のアメリカ旅行で驚いた三つのこと　34

全く違うアメリカの登場　36

政治の腐敗と、疲弊し苛まれる若者たち　38

「アジア力の世紀」の意味　40

アジアが持つ「空間ボーナス」　42

「脱亜入欧」から「連欧連亜」の世紀へ　45

中国脅威論の虚妄　47

第Ⅱ部　複合的目線で見るアジアの真実

第三章　中国の台頭、「大国化」をどう受け止めるのか …53

（村田忠禧）

世界から見て異常な日本の「中国イメージ」　53

公表された 2017 年のデータ　54

米・中・日・独の軍事費の比較から見えてくる事実　55

日中間の領土をめぐる主張の対立について　59

日本が「尖閣諸島」を固有の領土と主張する根拠　60

日中間に「棚上げ」合意が存在していた　61

78 年 10 月に来日した鄧小平も棚上げを明言　62

2010 年 9 月の中国漁船と巡視船の「衝突」事件　63

日中関係の改善に向けた話し合い　64

対話・交流を通じて相互進化する中国・米国関係　65

日中の歴史認識の共有化はなぜ難しいか　67

人民同士に根本的対立は存在しない　68

対立ではなく協力にこそ未来はある　69

第四章　ジャカルタから見た日本とアジア共同体 ………71

（ユスロン・イーザ・マヘンドラ）

インドネシアは急速に変化している　71

日本との深い関係　73

光も影もある両国間の歴史的関係　75

アジアの共同体作りに日本がリーダーシップを　78

インドネシアとマレーシアの関係が与える示唆　81

第五章　南アジアから見たアジアの未来 ………………… 84
（モンテ・カセム）

「アジア」を見る新しい三つの視点　84

智性や新科学による非伝統的な安全保障　85

巨視的な科学観：自立性を守る多様な生命体　86

根底にある二つの法則　88

差別と偏見をなくす価値観の樹立　90

自分の国を超えて物事を考える　91

アジアの3巨人が残した大きな足跡　92

日本の新しい貢献への期待　95

第六章　日本を抜いた中国の科学技術 …………………… 99
（沖村憲樹）

急速に伸びる中国の大学の実力　99

中国の躍進を支える留学生政策　101

中国の大学は世界一流大学とネットワーク　103

中国の大学はイノベーションを牽引　104

中国の急成長を牽引するハイテクパーク政策　106

米国に並びつつある国家ビッグプロジェクト　107

日本をはるかに凌ぐ宇宙・海洋・IT開発　109

豊富な研究開発投資、研究人材　113

「科学技術立国」は、国家の最重要政策　114

中国科学技術を推進する多様な巨大行政機構　116

日中の科学技術交流、アジアとの科学技術交流の推進を　118

第七章　日台関係の構造変化を探る ……………… 121

（岡田充）

台湾植民地化の狙いと統治　122

大戦後の台湾　128

冷戦下、台湾を承認　129

台湾の国際法上の地位　130

断交後の日台関係　131

「台湾論」の波紋　133

「甘え」と「おごり」助長　135

侵略と植民地支配の清算なしでは「戦後」は果てしなく続く　137

第Ⅲ部　日本とアジアの未来

第八章　20世紀の日本、アジアの未来への教訓 ……… 143

（福川伸次）

20世紀の世界：対立と技術から協調と成長の時代　143

日本の高度経済成長　146

「バブル経済」の教訓　149

日本はアジアの発展の中でしか成長できない　152

先人たちが残した歴史と領土問題を乗り越える知恵　153

今後の課題はアジアへの理解と貢献　156

第九章　「アジアの共通意識」を喚起するには ……………… 159

（朱建榮）

連続講座で感じた四つの問題点　159

米国に対する相対化を　162

「木を見て森を見ず」の目線の脱却　164

自信喪失は対外認識の歪みを招く　167

「発展段階」論で中国とアジアを見る　170

習近平政権の対日観の基本　172

若い世代に希望が持てる　177

第Ⅰ部

新旧「世界秩序」の移行

第一章　大転換の時代

——「南北逆転」「東西逆転」の進む世界と日本の課題

久保孝雄（アジアサイエンスパーク協会名誉会長、元神奈川県副知事）

世界史的大転換の時代始まる

いま世界は歴史的大転換の時代に際会している。2014年に中国のGDP（17兆6320億ドル、購買力平価基準、以下同じ）が米国（17兆4180億ドル）を抜き、新興国G7（ブラジル、ロシア、インド、中国、インドネシア、メキシコ、トルコ）のGDP（38兆1410億ドル）が先進国G7（34兆7400億ドル）を大きく上回ったこと、さらに、東アジアのGDP（23兆ドル）が西欧（18兆ドル）や米国（17兆ドル）を凌駕したことなどが世界史的大転換への重要なメルクマールの一つになった（IMF：Economic Outlook Databank 2015）。[1]

大転換への基本的動因は中国が米国と肩を並べる大国として急成長を遂げつつある一方、米国の世界覇権の衰退が加速しつつあることだ。この結果、戦後一世紀近く続いてきた「パックス・アメリカーナ」（アメリカによる平和）は終焉への動きを速め、グローバルパワーとしての中国の登場、「アジアの世

---

[1] この数値は2016年にはさらに拡大している（IMF: World Economic Databases 2017年4月版）。米国（18兆5690億ドル）：中国（21兆2910億ドル）。先進国G7（37兆2200億ドル）：新興国G7（44兆2280億ドル）。欧州（26兆1420億ドル）：アジア（46兆890億ドル）

紀」の幕開けが現実味を持ち始めてきた。

　ノーベル賞経済学者のスティグリッツは「2014年は米国が世界最大の経済国である最後の年になるだろう。2015年には中国が最大となり、長期にその座を占める」と述べており（"VANITY FAIR" 1月号、「孫崎享チャネル」2014年12月21日）、未来学者ジョン・ネイスビッツも「中国は世界経済の局面を根本的に変えるパワーになっている。世界経済の重心は北から南に移りつつあり、150の新興エコノミーを主体とする南方経済圏ベルトが世界経済の局面を再構成しつつある。大変革は今後相当の長期にわたり国際経済面における『新常態（ニューノーマル）』になる」と述べている（「人民網」2015年1月14日）。

　しかしこのような南北逆転（新興・途上国対先進国）、東西逆転（東洋対西洋）への大転換はまだ始まったばかりで、今後も直線的に、また短期間に進むものではない。恐らくなお複数のデケードを要する変化だ。ジョセフ・ナイ（ハーバード大学特別功労教授、元国防次官補）は「アメリカが衰退していくというのは誇張されすぎであり、中国がグローバルパワーとしてアメリカを抜き去ることもない……アメリカの世紀が近い将来、終わると考えるのは間違いだ」と主張する一方、「アメリカの世紀は続いていくにしても、アメリカの強さは20世紀のそれとは同じではないだろう……アメリカの世紀は……この先、少なくとも数十年ないしそれ以上、続くだろう」と、数十年以上先には「アメリカの世紀」が終焉することも展望している（『アメリカの世紀は終わらない』日経新聞出版社、2015年）。[2]

「パックス・アメリカーナ」の終焉を望まない米欧日には、米国が弱体化すれば世界は混乱と無秩序に陥り、独裁とテロが支

配する悪夢の世界になる、したがって米国は衰退してはならないし、「世界の警察官」を辞めるべきではないとの主張が根強く存在する（オバマ大統領は13年9月の演説で「われわれは世界の警察官であるべきではない」と述べたが、それ以来、内外の保守派からの強い批判にさらされてきた）。

米国で人気の保守派論客、ブレット・スティーブンズ（WSJ紙、外交コラムニスト）は米国は引き続き「十分かつ柔軟な軍事力を持つことが必要であり、敵対的な相手は中途半端に封じ込めるのではなく、徹底的に叩かなければならない」と主張し、強硬な外交政策と強大な軍事力による単独行動主義を擁護している（『撤退するアメリカと「無秩序」の世紀』ダイヤモンド社、2015年）。

彼の著書に推薦の辞を書いたファーガソン（ハーバード大学歴史学教授）も「大統領が『世界の警察官』の役割を公然と放棄し、保守・リベラルを問わず多くのアメリカ人が事実上の孤立主義に傾きつつある時代……世界から撤退して得られるはずの恩恵は、テロと独裁国家の強大化によって早晩失われる」と主張している。

しかしこれは現実とかけ離れた詭弁に過ぎない。米国が圧倒的な軍事力を背景に一極支配を維持、強化するため、「テロと

2　アジア開発銀行（ADB）は「2050年にはアジアのGDPが148兆ドルに達し、世界のGDPの52％を占め、今から300年ほど前の産業革命以前に（アジアが）占めていた支配的な経済的地位を取り戻すことになる……（この時）中国の割合が20％、インドが16％に達し、米国の12％を上回る」（「要約」から）とする報告書を出している（ADB：Asia 2050（邦訳「アジア2050——アジアの世紀は実現するか」）2011年）。

第一章　大転換の時代　11

の戦い」や「民主化」を口実に、意に添わぬ政権の転覆をめざす軍事介入などを重ねてきたことが、今日の世界の混乱と無秩序の根源であることは明らかであり、それが次第に行き詰まりつつあることが「アメリカの衰退」を招いているのだ。

　ロシアのプーチン大統領は2015年9月28日の国連総会で重要演説を行ったが、そのなかで米国の「例外主義と免罪の政策」（米国は例外的な国で、何をしても罪を問われないという考え方）を厳しく非難し、さらに、ソ連がかつて行っていた「共産主義の輸出」が誤りだったことを率直に認めたうえで、米国が「民主主義を輸出する」目的で他国の内政に介入し、破壊と混乱をもたらし、大量の難民を生み出していることを厳しく糾弾した（「スプートニク」2015年9月29日）。昨年末策定された新しい国家安全保障戦略でも、旧ソ連諸国で続いた「カラー革命」と呼ばれる西側（米国）が仕掛けた政権転覆工作が、今後ロシアや中国でも繰り返される危険性を警戒していた（「朝日新聞」2016年1月4日）。

　もちろん、ここでいう「アメリカの衰退」とは世界のリーダーとしての力の衰退であり、政治的・外交的・道義的影響力の低下のことだ。科学・技術、イノベーション、大学のレベル、文化的発信力などではまだ「衰退」は認められていない。

　しかし歴史には時代の潮流というものがある。今起きている新しい世界的潮流はなお多くの蛇行や逆流、それに伴う想像を超える激しい摩擦や軋轢——中東での米欧対ロシア、IS（イスラム国）など過激派の跋扈や宗派対立をはらみながら激しく続く破壊と殺戮、ウクライナでの米欧とロシアの激突、南シナ海での米中のつばぜり合い、北朝鮮の核をめぐる米朝対峙、さら

に米中、米ロ間で激化する外交・情報・サイバー戦など——を繰り返すだろうが、本流は絶えることなく貫流し続けるだろう。この本流の強さと深さ、その行方をしっかり掴むことが現代世界と日本の将来を考えるうえで最も重要な課題だ。

挫折したアメリカの「グランド・ストラテジー」

1991年のソ連崩壊によって冷戦に勝利し、「唯一の超大国」になった米国は、冷戦勝利の高揚感に駆られてか、次のような途方もなく傲慢なグランド・ストラテジーを作成していた（「1994〜99年のための国防プラン・ガイダンス」。国防省の機密文書だったものをNYT紙とWP紙がリークして明るみに出た）。

「世界を一極構造にして、アメリカだけが世界を支配する。他の諸国が独立してリーダーシップを発揮したり、独自の勢力圏を作ろうとすることを許さない……アメリカだけがグローバルパワーとしての地位を維持し、優越した軍事力を維持する。アメリカだけが新しい国際秩序を形成し、維持する……この新しい国際秩序のもとで他の諸国がそれぞれの"正当な利益"を追求することを許容する。どのような利益が"正当な利益"であるかを定義する権限を持つのはアメリカのみである」。[3]

3　この要約は、伊藤貫『自滅するアメリカ帝国——日本よ、独立せよ』（文春新書、2012年）から引用。

このような傲慢きわまる国家戦略に沿って米国が「暴走」を始めたことが、中東をはじめ今日の世界の大混乱――破壊と殺戮、難民激増など、数知れぬ悲惨をもたらしている根源であることは明らかだ。しかし、この傲慢不遜なグランド・ストラテジーは今や重大な挑戦を受け、挫折と転換を余儀なくされ始めている。

① 「テロとの戦争」の失敗と挫折

　第一は、「テロとの戦い」の失敗と挫折が米国の衰退を加速させている。米国はアフガン、イラク、シリアなど中東地域で反テロ戦争を 13 年も続けているが、最近のパリやトルコ、ベルギーの同時多発テロ（その後もフロリダ、ベルリン、アンカラなど）にも見られるようにテロは終息せず、むしろ世界中に拡散し、過激化している。その典型が IS（イスラム国）だ。

　米国はイラクに対し、大量破壊兵器の保有、テロ勢力への支援などの濡れ衣を着せ、20 数万の有志連合軍を募って侵攻し、フセイン政権を打倒し、彼を処刑したが、この過程で数十万人のイラク市民を殺戮し、捕虜を拷問し、古代遺跡を破壊するなど、暴虐の限りを尽くしたにもかかわらず、イラクの政治と社会は安定せず、今も紛争地域のままだ。復讐心に燃えるフセイン政権の生き残り軍人たちが IS の温床になっていった。

　有志連合に真っ先に参加した英国のブレア元首相も認めたように「イラク戦争は誤りだった」ことは明らかだ。米国はこの大義なき戦争で 4 兆ドル（480 兆円、関連費用も含む）の国費を蕩尽し、4 万人を超える米兵を死傷（死者は 4500 人）させ、10 数万人の帰還兵を PTSD（心的外傷後ストレス）で苦しめ

14　第Ⅰ部　新旧「世界秩序」の移行

ている（国防総省資料など）。このため、国力を大きく消耗したのみならず、政治的、道義的に世界の指導国としての信頼を低下させてしまった。

ブレジンスキー（カーター大統領の特別補佐官）は、「（イラク戦争の結果）アメリカのグローバル・リーダーシップは信用を失った。もうアメリカの大義では世界の力を結集できなくなり、アメリカの軍事力では決定的な勝利を収められなくなった……アメリカの政治手腕に対する敬意は先細りとなり、アメリカの指導力は低下の一途をたどっていった」と書いている（『ブッシュが壊したアメリカ』徳間書店、2007年）。

オバマによるアサド反米政権打倒のためのシリア介入でも、密かに支援しつつ利用してきたISが強大化、過激化したため有志連合だけでは手に負えず、親アサド政権のロシアの力を借りざるを得なくなっている。最近のISの本拠地アレッポの奪還、ロシアとトルコの調停による停戦合意の成立（2016年12月30日）など、シリア内戦は政府軍、露軍主導で収拾に向かっている。100万人を超すシリア、イラク難民に悩むEUも、ISに手を焼くイラクも、ロシアとの連携を容認する姿勢を示しており、中東の覇権は次第に米国から離れ、ロシア、イラン、トルコ側に傾き始めている。[4]

---

4 2017年4月6日、突如トランプは化学兵器使用を口実にシリアへミサイル攻撃を行い、米露関係まで破壊したが、正当性を欠いた侵略行為であり、大勢を覆すことはできない。事実、5月6日、難民保護のためロシアが提案した「安全地帯」設定にトルコ、イランが合意し、国連も米国もこれを支持した（「毎日新聞」2017年5月6日）。

②「民主化」を押し付ける「政権転覆戦略」の失敗

　第二は、旧ソ連圏やアラブ世界に「民主主義」を押し付け、親米政権を増やし、覇権を強化しようとした「カラー革命」――政権転覆戦略が次々に失敗しつつあることだ。

　米国は中南米でもしばしば軍事介入（グアテマラ、チリ、グレナダ、パナマなど）を繰り返し、反米化を抑圧してきたが、21世紀に入ると米国主導のグローバリズムと新自由主義の押しつけに反発して反米左派政権が次々に誕生し、2014年現在、中南米19カ国のうち11カ国が反米・非米政権だ（最近は原油価格の下落による経済困難で、反米左派政権のリーダーであったベネズエラの左派政権が崩壊し、アルゼンチンも中道右派に変わるなど、政治と経済の危機が続いている）。

　米国は冷戦後も主要な脅威と見るロシアを封じ込めるため、ロシア側の反発を排してEU、NATOの東方拡大政策を進め、各国で「民主化」勢力を支援しつつ親米欧政権樹立を進め、旧ソ連圏の東欧諸国17カ国のうち11カ国をEUに、12カ国をNATOに加盟させ、ロシアに危機感を強めさせてきた。

　米国はコソボ空爆などでユーゴスラビアに介入し、民族紛争を激化させ、七つの小国に分裂させた。グルジアで「バラ革命」を起こして親米欧政権に作り替えたが、南オセチア、アブハジアの独立を招いた。中露に近接する戦略的要衝で、アフガン戦争で米軍基地を置いたキルギスでも「チューリップ革命」を起こしたが、不首尾に終わり、米軍基地も2014年に閉鎖された。

　ロシアが最後の緩衝地帯として重視し、EU、NATOへの接近を極度に警戒していたウクライナでも、親露政権打倒のため

ネオ・ナチ勢力と組んでクーデター（オレンジ革命）を起こし（ヌーランド国務次官補の反政府勢力への50億ドル支援の告白、キエフ・マイダン広場でのマケイン上院議員の激励演説など）、親米欧政権を作ったものの、プーチンの激しい反撃によりクリミア半島（元はロシア領）を失い、東部ドネック、ルガンスク州の独立の動きを招くなど、内戦が続き、混乱を深めている。独仏露の調停による「ミンスク合意」（東部2州に自治権付与）も守られず、財政も破綻しており、ウクライナのNATO化は見通しが立っていない。

　チュニジアの「ジャスミン革命」から始まりエジプト、リビアと続いた「アラブの春」の結末も悲惨だ。エジプトではムバラク独裁を倒した民衆の選んだムルシ大統領が、軍部政権のクーデターで投獄され、多数の活動家が処刑された。リビアの現状も悲惨だ。1967年政権を掌握したカダフィ大佐はNATO軍の介入で惨殺された2011年までに、アフリカで最も貧しい国の一つだったリビアを最も豊かな国に仕上げてきていた。独裁政治と言われるが、実際は極めて分権的な社会で、小さな自治州の連合体で構成され、リビア流民主主義が定着していたという（「マスコミに載らない海外記事」2015年12月7日）。ところが、カダフィ政権崩壊後6年経った現在、武装集団の抗争が続く無政府状態の破綻国家に転落したままだ。これに乗じてISが新たな拠点を築こうとしている。

③ユーラシアで進む地政学的大変化

　第三は、ユーラシア大陸に地政学的な大変化が起きていることだ。中露が主導し、中央アジア4カ国が加盟する上海協

第一章　大転換の時代　17

力機構（2001年創設）に最近インド、パキスタンが正式加盟
し、ユーラシアの３大国、中印露の連携が実現、さらにイラン
の加盟も予定。すでにモンゴル、アフガンもオブザーバー加盟、
ASEANも客員参加しており、トルコ、エジプト、シリア、バ
ングラデシュなど加盟希望国も増えている。

　他方、ユーラシア規模の構想である中国の「一帯一路」（陸
と海の新シルクロード）計画（王毅外相によれば、すでに70
を超える国と国際機関が協力の意向を示し、20を超える国が
共同建設の協力合意に調印した。「人民網」2015年3月12日）
と、「ユーラシア連合」を目指すロシアの「ユーラシア経済連
合（EEU）」との連携も推進されている。「一帯一路」には関
連地域（東・西・南・中央アジア、中東、アラブ、アフリカ、
EUなど）の国々が強い関心を示しており、進展如何では経済、
地域、文明間連携の新モデルとなり、地政学的地殻変動を引き
起こす可能性もある。

　上海協力機構は2002年の首脳会議で「一極支配を排し、新
しい世界政治経済秩序を目指す」ことをうたっており、「ユー
ラシアを制する者は世界を制する」とも言われる広大な大陸は、
新しい世界秩序形成のエンジンになっていくかもしれない。

④世界経済・金融の構造変化も進む

　第四に、世界の経済と金融にも大きな構造変化が起きている。
GDPの南北逆転はすでに見たが、国際金融の世界でも中国主
導のBRICS開発銀行の創設、英国などEU主要国はじめ70カ
国が参加したアジアインフラ投資銀行（AIIB）の発足などに
よって、米国主導の世界銀行・IMF体制が衝撃を受けている。

IMFはSDR（特別引き出し権）の構成通貨に人民元を加える歴史的決定（2015年10月30日）をする一方、長年の懸案だった中国など新興国の出資比率の引き上げを決めた（同12月18日）。

人民元はドル、ユーロに次ぎ、ポンド、円をしのぐ国際通貨としての地位を獲得した。今後BRICSはじめ新興国・途上国間の決済で人民元の利用が拡大していけば、ドル体制を揺るがす主要通貨になっていく可能性もある。

アイデンティティ・クライシスに直面する米・欧・日

以上で見たように、世界がいま大きな転換点に立っているのは明らかだ。ロシアの外交・国防問題の専門家セルゲイ・カラガノフは次のように述べている。

「世界は乱気流に突入した。我々の慣れ親しんだかつての世界秩序は、勢いを持って台頭してくる新たなそれ（世界秩序）に押しやられている…我々は新たな世界秩序の形成を目の当たりにしている」（「スプートニク」2015年12月29日）。

今から15年前、「新しい世紀が進むにつれて、アメリカが衰退するのは確実（であり）……国際社会はアメリカ時代の終わりと、それに続く時代に向けて、どのように準備するかという、新たな緊急課題に直面しなければならない」と先駆的な問題提起を行ったのはチャールズ・カプチャン元米国家安全保障会議欧州部長・ジョージタウン大学教授（『アメリカ時代の終わり』上下巻、NHK出版、2003年）だったが、その彼が最近、

第一章　大転換の時代　19

「アメリカ後」の世界を考察した新たな著書を書き、注目されている（『ポスト西洋社会はどこに向かうのか——「多様な近代」への大転換』勁草書房、2016 年）。

カプチャンは 19 世紀末から世界のパワーの中心はアメリカに移り、西洋は歴史の最先端を歩んできたが、「いまや世界は次のステージに進みつつある」とし、中国を先頭とする新興国の台頭、西洋先進国の衰退が進むにつれ、西洋的価値観も相対化され、世界は政治的・思想的に多様化しつつあると主張している。

イアン・ブレマー（アメリカの国際政治学者）も最近の著書（『スーパーパワー——G ゼロ時代のアメリカの選択』日本経済新聞出版社、2015 年）で、「米国が支配的地位を占めていた冷戦後の世界秩序は終わり……今や私たちは……主導国なき混沌の時代にいる」と述べ、米国の選択肢として①国内回帰（世界への関与を止め、内政を重点に模範的社会を作る）、②限定関与（間接的役割を果たす普通の国になる）、③積極関与（自由世界を守るため、積極的に世界に関与していく）を挙げているが、「超大国米国をもってしても立ちはだかる新興国の台頭」で「米国が主導できない世界」が生まれており、「積極関与」はもはや不可能で、「国内回帰」が採るべき唯一の道だとしている。

ところで、イアン・ブレマーは本書の執筆動機を「米国が今深刻なアイデンティティ・クライシスに直面しているからだ」と述べているが、この危機感の根底にあるのは中国の台頭だ。なぜなら「米国はいまだかつて、中国のように軍事力でも経済力でも自分に迫る国というものを……相手にしたことがないの

だ。数年のうちに中国の GDP は米国を追い抜くだろうが……これは 1880 年代に米国が英国の GDP を抜いて以来、初めてのこと」であるからだ（ヒュー・ホワイト『アメリカが中国を選ぶ日──覇権国なきアジアの命運』勁草書房、2014 年）。

　アイデンティティ・クライシスに直面しているのはアメリカだけではない。「国際公共財」として「パックス・アメリカーナ」の利益を享受してきた西側先進諸国は、いずれも米国の衰退・中国の台頭という「新しい現実」を前に、自らをいかに位置づけるかに腐心している。

　2015 年、英国を先頭に主要国が中国主導の AIIB に雪崩を打って参加した EU は、IMF への中国出資比率の引き上げや人民元の国際化も積極的に支持した。ウクライナ問題や中東問題でもロシアとの連携に前向きな独仏など、EU 主要国の間で米国と距離を置く動きが目立っている。また、英国の離脱以来 EU の求心力は低下し、崩壊か再生かの岐路に立っている。さらに、欧米は政治や経済面だけではなく、西洋文明の世界的な優位が失われるかもしれないという深い喪失感からくる精神的、文化的なアイデンティティ・クライシスにも直面している。

　イギリスの中国研究者マーティン・ジェイクスは、

　「中国の大国化によって最もひどく精神的ダメージを受けるのは西洋である。中国が今まさに超えようとしているものこそ、西洋の歴史的地位なのだから。中国が西洋を超えるという事態が意味するものは極めて大きい。2 世紀以上にわたって西洋は……世界に君臨した。しかし 1945 年以降は、もはや世界政治の主役ではないのだという事実をヨーロッパは受

け入れざるを得なかった。……（この）喪失感は、ヨーロッパ諸国に多くの精神的衝撃を与え（た）」

と書いている（『中国が世界をリードするとき』上下巻、NTT出版、2014年）。

　以上で見たように、「パックス・アメリカーナ」が終焉の時を迎え、多極的な世界が幕開けしつつあることは間違いない。しかし、一極型世界から多極型世界への移行は、一挙に進むのではなく、複数のデケードをかけたソフト・ランディング型移行になるだろう。しかもそれは、21世紀に入ってからゆっくりと、しかし着実に進んできていた。

　象徴的なのは08年のリーマン・ショック直後、G7の呼びかけで緊急招集され、直ちに結成されたG20だ。これを機に世界経済運営の中心は先進国G7から新興国優位のG20に移った。また、すでにふれた01年の上海協力機構（SCO）の結成、05年のBRICSの発足、08年のG20の誕生、09年のオバマのG2（米中）提唱、14年の中国GDP世界一（PPP）、15年のBRICS開発銀行、アジアインフラ投資銀行（AIIB）の発足、16年の中国人民元の国際化、17年の「『一帯一路』国際フォーラム」の北京開催などの動きも、事実上「ポスト・アメリカ」への動きと見ることもできる。

　米国国家情報会議（NIC、4年ごとに20年先までを展望した「グローバル・トレンド報告書」を大統領に提出する）の元分析・報告部長マシュー・バロウズは、最近の著書で「アメリカ後」の世界について興味深い分析を行っている（『シフト──2035年、米国最高情報機関が予測する驚愕の未来』ダイヤ

モンド社、2015 年）。

バロウズは次のように言う。

「今後は（パックス・アメリカーナのような）1 つの国が圧倒的なパワーを握ること（たとえばパックス・シニカ＝中国）はないだろう。大国がいくつもある中に、復活した強いアメリカがいる―そんな構図を私は容易に思い描くことができる。しかし多くの人は多極化した世界を想像できず、国際秩序を維持するには覇権国が必要だと考えている。彼らにとって覇権国家のない世界とは無秩序を意味する」

「しかしアメリカが唯一の超大国の座に戻る（ことは不可能だ）……いま必要とされているのは新しいリーダーシップだ……理想は、アメリカが圧倒的優位ほどの立場ではないが、世界が完全な混乱に陥らないよう一定の方向付けをできる国であることだ」。

米国覇権崩壊後の多極化する世界でも、米国が世界№1 の国として世界のリーダーであるべきだとの主張だが、それは簡単なことではない。格差と貧困、社会の分断と対立など深まる国内の危機を克服し、健全な米国と世界ヴィジョンを再構築し、改めて世界の信頼と尊敬を勝ち取ることができるかどうかにかかっている。

日本のアイデンティティ・クライシスと中国問題

ところで、先進国の中で最も深刻なアイデンティティ・クライシスに直面しているのは日本だ。同盟の相手が世界最強の国

第一章　大転換の時代　23

から「衰退する国」に変わり、150年も格下だった中国が米国と肩を並べる超大国になりつつあることは、日本の存立基盤を揺るがす環境変化であり、国家戦略の大転換が避けられなくなっているからだ。

　日本がアイデンティティ・クライシスから脱却するためのキーワードは「対米自立」と「日中共生」だが、それは安倍政治と対極をなすものだ。そこで、日本と日本人が、いかに世界の「新しい現実」から目を背けているかを、日中関係を中心にみてみる。

　日米は国民の反中感情の強い国だが、強さという点では日本が上だ。米国では57%の国民が中国に親近感を感じている（米国 Pew Research Center の調査結果、BLOGOS、2015年9月15日）のに、日本では何と3.3%しかいない（「親しみを感じる」(3.3%) と「どちらかというと親しみを感じる」(11.4%) を合わせて14.7%、14年内閣府調査）。

　1972年に日中国交が回復してから10数年は、日中関係は極めて良好だった。「中国に親しみを感じる」日本人が8割もいた（1980年は78.6%）。なぜこれほど対中感情が悪化したのか。

　一つは、中国が経済のみならず政治、外交、軍事面でも日本を大きく上回る力を持ってきたため、明治以来アジアで初めて近代化に成功し、日清、日露戦争に勝ち、アジアNo.1の地位を確立してきた日本が、格下だった中国に急速に追いつかれ、追い越された（アジアNo.1、世界No.2を奪われた）ことへの反感（反中ナショナリズム）が、日本の支配層や保守・右翼勢力の間に生まれているためだ。これに迎合し、同調して反中・嫌中感情をことさら煽っているのがメディアだ。こうしたメディア

24　第Ⅰ部　新旧「世界秩序」の移行

挙げてのキャンペーンで作られた反中感情を背景に、中国侵略を否定する歴史修正主義の右翼が台頭し、政権の中枢を占めるまでになっている。

米中の狭間に生きる日本のナショナル・アイデンティティ

　さらに、中国の台頭を容認しつつも、自らを上回る大国になることを抑制したい米国が、中国牽制に日本を活用すべく中国脅威論を誇張してきたことだ。米国は占領終了後63年経っても日本の対中自主外交を認めていない。

　ここから二つの課題が浮かんでくる。一つは日本国民の対中認識をどう変えるかだ。中国が日本より強くなることに脅威を感じ、対抗しようとする政財官の保守派はそれほど多くないが、米国タカ派と連携し、マスコミを操作する力を持っているので影響力は大きい。彼らは中国が大国化するにつれ横暴になったと反中を煽っているが、数年前、イギリスのフレーザー外務次官は次のように言っていた。

　「我々は中国が横暴になっているとは思わない。中国は200年ぶりに大国の地位を回復しつつあり、大国としての自己主張を始めているだけだ。世界は中国やインドにもっと大きな発言権を与えなければならない（要旨）」（「海外の最新ニュース」2011年1月9日）。

　これが西欧の良識ある政治家の認識だ。日本の中国侵略や米国のイラク戦争などは棚上げして、「中国は横暴だ」と息巻く日米タカ派の言い分は滑稽だ。

第一章　大転換の時代　25

日中交流 2000 年の歴史で、江戸時代まで中国は日本に対し常に先進国であり、大国だった。この中国との交流で多くのものを学び、工夫して日本文化を形成してきた。こうした歴史を踏まえ、いわれなき優越感を克服すると共に劣等感を持つ必要もなく、先人に学びつつ日中共生（習近平主席は繰り返し「中国は日本をライバルではなく、パートナーと見なしている」と言っている）を目指す新しい関係を構築していかなければならない。

　もう一つは、現在の従属的な日米関係をより対等な関係に変えていくことだ。日米安保によって日本は北朝鮮や中国の侵略から守られていると考える日本人が多いようだが、これは事実に反する。日本を守ってきたのは憲法 9 条と国民の平和希求だ。戦争を放棄した国に戦争を仕掛けてくる国はない。国防上最も脆弱な海岸線に 54 基も原発を作り、食料、エネルギーの大半を海外に依存する国になった日本は、戦後 70 年、平和憲法のもと「戦争をしない、できない国」を作ってきた。日本の安全保障は平和憲法を高く掲げ、徹底した平和外交と専守防衛しかないのだ。[5]

　北朝鮮が日本を攻撃するメリットは何もない。狙うとすれば在日米軍基地だが、米軍の反撃で直ちに壊滅させられるので攻撃はできない。北が挑発を繰り返す「ならず者」になったのは、国交正常化を拒み、武力で威圧し続ける米国の責任が大きい。「北の脅威」は米軍産複合体、日米タカ派の延命策でもある。

5　元駐日ドイツ大使シュタンツェルは「憲法 9 条は最強の安全保障政策だ」と述べている（「毎日新聞」2015 年 7 月 5 日）。

改革・開放後の中国は「革命の輸出」など考えていないし、日本侵略など夢にも思っていない。沖縄の米軍基地は脅威に違いないが、これを黙認しているのは、米中国交回復の際「日米安保は中国に対するものではなく、日本の軍国主義復活を防ぐ『ビンの蓋』の役割を果たすものだ」と説明（周恩来・キッシンジャー会談録「産経新聞」2002年8月6日）されたことを覚えているからだ。また、沖縄米軍基地はすでに中国ミサイルの射程範囲内にあり、抑止力にならないことも米国の専門家が認めている（ランド研究所の分析、孫崎享ブログ、2015年9月23日）。

　中国は米国債の保有高もドルの外貨準備高も世界一で、米国財政を支えている。ボーイングの旅客機を年間150機（1機約250億円）も買い（昨年9月の習訪米で300機契約「東京新聞」2015年9月24日）、米国車を300万台も買う国も中国しかない。米国が中国と本気で戦争（外交、情報戦は激しいが）することはあり得ない。

「衰退する米国」「勃興する中国」――この2大国の狭間で生きる日本のナショナル・アイデンティティが「対米自立」「日中共生」の方向にしかないことは明らかだが、この基礎の上に、小泉、安倍に壊された平和国家日本の再建と日本型福祉社会の再構築を目指し、対外的には日中韓朝の連携を強め「東アジア共同体」「アジア集団安全保障体制」の構築を図り、米国一極支配崩壊後の新しい世界秩序――「多極共存・共生の世界」「人類運命共同体」の構築に貢献することが、日本の新しいナショナル・アイデンティティになる。

追記

　2017 年 1 月 17 日、世界経済フォーラム年次総会（ダボス会議）での習近平中国主席の基調演説と、1 月 20 日のワシントンにおけるトランプの米国大統領就任演説は、世界経済における「主役交代」を鮮やかに印象付けるものとなった。英紙「フィナンシャル・タイムス」は次のように書いた。

　「（習近平中国主席はダボス会議で）グローバル化について米大統領が話すと期待されるような内容の講演をした。トランプ米大統領は就任式で、貿易について米大統領なら絶対に言うとは思えない発言をした。このコントラストは衝撃的だ」（1 月 25 日）

　習主席がグローバル化を歴史必然のものととらえ、欠陥を克服しながら「敗者なきグローバル化」をめざすべきだとし、RCEP（東アジア地域包括的経済連携協定）や FTAAP（アジア太平洋自由貿易圏）推進の立場を明確にしたのに対し、トランプはグローバリズムが米国の経済と雇用を破壊したとして TPP（環太平洋経済連携協定）から離脱し、NAFTA（北米自由貿易協定）の見直しに取り組むことを明らかにした。米国主導の世界経済の指導理念である自由貿易とグローバリゼーションの旗手が、米国から中国に移ったかに見える。IMF 報告によれば、2016 年の世界経済成長への寄与度は中国が 39％で、米国の 3 倍、先進国の合計を上回った（「チャイナネット」2017 年 1 月 6 日）。

　もう一つのコントラストがある。1 月 18 日、習主席は国連

ジュネーヴ本部の会議で演説し「人類運命共同体を共に築こう」と提唱したが、長らく問われていた中国の世界ヴィジョンと世界政治への理念を示すものとして世界が注目し、高く評価した（「新華網」2017年1月20日）。

　中国はすでに「新型国際公共財」として「一帯一路」（陸と海の新シルクロード）計画やこれを支えるAIIB（アジアインフラ投資銀行）に取り組んでおり、国連の社会開発委員会（2月10日）や人権理事会（3月23日）も、最近の決議の中で「人類運命共同体構築」を正式に位置付けている（CRI・Online、3月24日）。この5月には北京で29カ国の首脳、130カ国の政府代表ら1500名、記者団4000名が参加する壮大な国際会議「『一帯一路』フォーラム」が開かれ（「読売新聞」2017年5月12日）、戦後、米国が欧州復興支援のため進めた「マーシャルプラン」をはるかに上回る史上空前のプロジェクトが始動する。

「アメリカ・ファースト」を選挙スローガンに掲げ、「世界の警察官」役も自ら降り、保護主義を唱え、パリ協定から離脱を表明、難民、移民の入国を厳しく制限しようとするなど、内向的、「自国第一主義」的なトランプの政策とは鮮やかな対照を示している。

　トランプが選挙公約で、「国内回帰」の姿勢を見せ、軍産複合体を抑え、中東など世界への「積極関与」から身を引こうとしたのは、「テロとの戦争」など対外政策が行き詰まり、国力が衰退し、世界覇権の崩壊が防ぎきれなくなっているためだ。米国の著名な碩学チョムスキーは「米国社会は内部から崩壊してきています」と述べ、経済政策の失敗、莫大な軍事費、社会

第一章　大転換の時代　29

保障の後退、賃金水準の低下、格差の拡大、インフラの荒廃などを挙げ、これらに対する国民の不満が、マスコミのバッシングにもかかわらずトランプが当選した背景だと見ている。そしてトランプの米国は「世界情勢から孤立し……影響力を失いつつある」と断じている（「チョムスキーの視点」Yahoo! ニュース特集、2017年3月27日）。

対外政策面でも、大統領就任後80日で公約に反してタカ派に妥協し、「力による平和」（ペンス副大統領、4月19日）へと転換しているのに対し、中国はシリア、北朝鮮問題でも対話による政治解決を主張し、旧来の一極支配型、弱肉強食型国際関係を改革し、すべての国の対等・平等・互恵・協同の「新型国際関係」をめざし、米中など大国は世界を「指導」するのではなく、人類の平和、安全、福祉向上に「責任」を果たすべきだと主張している（王毅外相の発言、「人民網」2017年3月9日）。

トランプの米国の孤立で、一極支配の崩壊が加速し、国際関係の中心課題は「アメリカ後」の世界に移っている。BRICSやG20など新興国の台頭、なかでも上海協力機構や「一帯一路」計画などユーラシア規模で影響力を強めつつある中露の結束、英国離脱、難民急増、右翼の台頭などに苦悩するEUなど、経済・政治の両面で南北逆転、東西逆転が進みつつあり、世界は一極支配型から多極共存型世界に大きく移行しつつある。

米国と肩を並べる超大国となってきた中国は、国際社会から世界ヴィジョンと政治理念をきびしく問われてきたが、改革・開放以来37年目にして、ようやくその問いに応え始めた。いまや中国は政治、経済、外交面で、さらに世界ヴィジョンやグ

ローバルガバナンスの面でも、米国に拮抗し、凌駕するパワー
を持ち始めたと言える。これらの動向は中国が現在の世界史的
「大転換」の最大の駆動力であることを示している。日本の国
家戦略の転換—とりわけ日中関係の改善は緊急の課題になって
いる（米国ワシントン・ポスト紙が「中国のみならず、世界の
発展方向を左右する」（チャイナネット、2017 年 10 月 19 日）
と伝えた第 19 回中国共産党大会（10 月 18 〜 24 日）には時間
の関係で触れられなかった）。

参照：拙稿「見えてきた『アメリカ後』の世界」メールマガジン「オルタ」
2017 年 1 月号。

第二章　新旧二つの世界の交代

——日本が取るべきは「連欧連亜」の道

進藤榮一（筑波大学名誉教授、国際アジア共同学会会長）

二つの世界と２匹の妖怪

今、全地球を見渡すと、全く違った二つの世界が見えてくる。一つは首都ワシントン、デトロイト、シカゴといったアメリカの主要都市に集約される旧世界。「パックス・アメリカーナ」（アメリカによる平和）の世界——アメリカの力によるアメリカのためのアメリカの世紀がつくる世界である。しかし、その世紀が終わり始めている。

他方で、もう一つの世界が登場し台頭し続けている。上海、北京からジャカルタ、バンコクに至る新興するアジアに集約される世界だ。ここには、勃興する資本主義の躍動する姿が見える。旧世界と新世界、このコントラストが鮮明に脳裏に焼き付き、目に飛び込んでくるのである。それを「パックス・アシアーナ」（アジアによる平和）の世界と呼ぶことができる。この二つの世界——20世紀世界と21世紀世界の対照が鮮明に印象付けられる。

その狭間の中で、ヨーロッパが苦悩し、中東の混沌が展開している。難民があふれ出て、テロリズムを誘発させている。それがグローバル・テロの形をとって、とりわけ中東から欧米世界で頻発し続けている。

今、世界には「2匹の妖怪」が徘徊している。

一方でテロリズムという名の妖怪。ほとんど毎週のように、旧世界のどこかでテロリズムが頻発している。

そして他方で、そのテロリズムの妖怪と踵を接するかのように、ポピュリズムという名の妖怪が徘徊している。フランス大統領選挙に極右ポピュリストが躍進した。イギリスでもイタリアでも、オランダやドイツでもポピュリスト候補が善戦した。豊かで格差の小さいスカンジナビア諸国ですら、ポピュリズムが台頭している。2017年11月のオーストリア総選挙では、移民排斥を掲げる政党が第一党になっている。

視点を変えるなら、小池百合子・東京都知事もポピュリストと定義できる。

ポピュリズムはなぜ、世界の各地で台頭しているのか。答えは、既存政治が機能しなくなっているという一点に求めることができる。

ポピュリズムとは、既成勢力の政治に対抗して、それを民衆のための政治に変えることに集約できる。

19世紀末アメリカで人民党が、社会党と共に誕生した。貧しい農民や労働者を母体に、社会で虐げられ恵まれない人たちに政治的基盤を置いた彼らは、現存する選挙制度を通じて浮上した。それは「第一のグローバル化」の進展と軌を一にする。

当時も今と同様に、科学技術の飛躍的発展（ブレークスルー）が地球の距離を一気に短くし、地球社会の"一体化"が進展し、貧富の差を拡大させながら、政治が既得権益層のための政治へと変容させた。ポピュリズムが、既得権益層のために政治経済システムを、底辺から換える動きとして台頭していた。

第二章　新旧二つの世界の交代　33

そして20世紀末以来、「第2のグローバル化」が進展している。しかも100年前と同じように、ポピュリズムの台頭がテロリズムの跳梁跋扈と軌を一にしている。ポピュリズムの妖怪とテロリズムの妖怪が、第三次産業革命としての情報革命の進展下で台頭し、世界を徘徊し始めている。

　そして格差が飛躍的に広がる世界の中で、既得権益層に対する怨嗟の念が民衆の間に広がっている。これがトランプを生み、サンダースを生み出した。フランスでルペン、オランダでウイルダースを生み、2016年BREXIT、すなわち「英国のEU離脱」を生み、オーストリアにポピュリスト政権を誕生させた。

　これが新しい世界と古い世界の中で苦悩するヨーロッパであり、その背後にある中東の内戦と混沌である。

最近のアメリカ旅行で驚いた三つのこと

　ここで三つのことを指摘したい。

　第一に、「パックス・アメリカーナ」の世界が終焉に向かう理由について。「トランプ政権とトランプ現象をどう見るのか」という問いに対する私の答えは、「アメリカ帝国の終焉を象徴している」というものだ。

　かつて1994年に『アメリカ　黄昏の帝国』（岩波新書）を上梓した。帝国終焉の予兆は、当時からあった。そして四半世紀後の今、「『アメリカの世紀』は終わった」と確実にいうことができる。

　なぜ終わったのか。一言でいえば、それが21世紀情報革命の帰結だからだ。

　「情報革命」の話をする前に、2015年秋の米国旅行での衝撃

を語りたいと思う。その時、デトロイト経由でニューヨーク、ワシントンに10日間の旅をした。2017年大統領選の前哨戦がすでに始まっていた。

第一の衝撃は、日本からデトロイト行きの飛行機に乗った時、乗客の9割がアジア人だったことである。しかも粗末な普通の服をきた男性や女性が席を占めていた。「えっ、これがアメリカ便、デトロイト行きの飛行機なのか」と一瞬ギョッとした。何度も太平洋便を使っているが、初めての経験だった。

二つ目は、デトロイトの荒廃は耳にしていたものの、その荒廃ぶりに改めて驚いたことである。ミシガン中央駅は1950年代初め、世界第一の高さと威容を誇る鉄道駅だったが、今や駅舎の中に入れず、建物の周辺にも近寄れない廃墟になっている。

これだけではない。旧市街は廃屋だらけで、犯罪が多く電柱は壊れている。犯罪発生率は全米で2番目に高い。1番は隣のフリント市である。

かつて170万人だった人口も、今や半分以下になり、旧市街は廃墟と化している。「ルネッサンス・ツアー」というデトロイト・ツアーがあるが、訪問先の半分は廃墟である。普通は入れないデトロイトの駅や美術館、大病院の跡などを見学したが、蜘蛛の巣が張った、見るに耐えない醜悪ぶりだった。

三つ目のショックは、ワシントンD.C.に滞在中、テレビで見た大統領選挙の風景だ。今まで何度も見ている大統領選挙とは違う。罵詈雑言が出てくる、候補者は激高する……。

従来、アメリカ大統領選挙候補者のほとんどや、政治家の7割は弁護士だった。「ロー・メーカー」(立法家)というのは国会議員の別称であり、知的インテリジェンスある人たちが候補

者になり、そこから大統領が選ばれていくのが通例だったわけだが、今回の大統領選挙の風景は大きく違っていた。

そもそも今回大統領になったトランプには共和党歴がない。民主党トップを走るヒラリーを追っていたサンダースにも民主党歴はなかった。その後に続く何人もの候補者たちも、旧来型の政治家ではない。全くタイプが違う。しかも選挙戦で政策を議論するのではなく、ネガティブ・キャンペーンを張って非難中傷合戦を展開しているだけではないか。このことにも衝撃を受けた。

以上の三つのことは、今日のアメリカを象徴していると思う。それが、アメリカを衰退させる根源にあると言ってよいだろう。

全く違うアメリカの登場

アメリカの構造的変化はいくつかの数字から見えてくる。一つは人種構成の割合である。50年前、非白人（そのうち大部分はアフリカ系アメリカ人）は全人口の10％でしかなかったが、現在、非白人が全人口の38％になり、2048年には50％になると予測されている。かつてと違うアメリカが、登場し始めているのである。

二つ目に、アメリカが「ものづくり」を止めてしまっていることが挙げられる。今トランプが色々な脅しをかけながら、フォードをメキシコから呼び戻したり、イリノイ州にトヨタの工場を建てさせたりしているが、これは、あまり期待できないと言わざるを得ない。なぜかといえば、アメリカがすでにものづくりを止めているからだ。今や金融部門がアメリカの全米企業収益の5割を超え、かつて6割に達していたものづくり部門、

36　第I部　新旧「世界秩序」の移行

製造部門が今日、全体の５％にまで縮小している。

　ものはつくらず、カネをつくる。カネでカネをつくる。わずかな見せ金で、巨額のカネを動かし稼ぎ出す……。「デリヴァティブ」という金融手法をつくり、トレーダーたちは、いくつものテレビ画面を同時に見ながら金融取引をする。ホームローンや奨学金ローン、自動車ローン、あるいは為替や海外商品取引、小麦やトウモロコシ、金やレアメタルなどの先物取引、ほとんどすべてのものとカネの流れが証券化されて切り刻まれ、それを、0.001秒（1000分の１秒）の瞬間差でボタンを押し取引をして稼ぎ出し、巨万の富を動かしている。そうした金融世界が、ウォール街を中心にアメリカ経済の中枢にのし上がり、ますます活況化している。その結果、2007年EU通貨ユーロ危機にはじまり、2008年金融証券会社リーマン・ブラザーズ社が破綻したリーマン・ショックへと続いた。金融危機が世界中を襲った現実となって表れた。1980年代末、スーザン・ストレンジは『カジノ資本主義』（岩波書店、1988年）の中でアメリカは「カジノ資本主義」の毒に冒され、終焉を刻みはじめると警告したが、それが今や現実になっている。

　そして三つ目が、先ほど触れた金権政治だ。それを代表したのがヒラリーの敗北だ。あれほど有能で、「ガラスの天井」を破るということでフェミニストの女性たちの期待を一身に背負ったヒラリーが、大統領夫人から上院議員、さらに国務長官になり、２度目の立候補で大統領の座を狙いながら、しかも全米総得票数でトランプを凌いだものの当選できなかった。

　敗北の背景は、ウォール街とホワイトハウスが結び付いたことにある。1996年、クリントン政権２期目の大統領選挙に使

第二章　新旧二つの世界の交代　37

われた選挙資金登録総額は6億ドル（邦価で600億円）と、それ以前よりはるかに増加した。4年毎に大統領選挙、2年毎に連邦議会中間選挙がある。今では大統領選挙資金総額は100億ドル（邦価で1兆円）。この20年間で20倍にまで膨らんだ。6億ドルでさえ、既に「アメリカ政治は金権政治で、お金によって票を動かす」「お金が票を生み出す政治だ」などと批判されていたが、今ではもっと典型的な金権政治に墜ちている。金持ちための、金持ちによる、金持ちの政治が現実になっている。これが、いわゆる「プルートクラシー」である。換言すれば「エスタブリッシュメント」（既得権益層）のための政治だ。

この1世紀、民主主義、特に「アメリカン・デモクラシー」が世界の統治形態のお手本のようにみなされ、旧ソ連や中国などの政治体制を凌ぎ、とりわけソ連崩壊と冷戦終結後には、世界はグローバル・デモクラシーの時代になるともてはやされた。しかしいつの間にか、現実のアメリカ民主主義は金権政治化に毒され始め、民主主義の形骸化が進んでいるのである。

政治の腐敗と、疲弊し苛まれる若者たち

ワシントンD.C.に「K番街」という通りがあり、別名「ロビイスト街」と言われている。30年前、私が学生時代を送っていた頃はロビイストは7000人しかいなかったが、今3万5000人に膨れ上がっている。ロビイストの資格は弁護士と同じように国家が認定し、その資格を取得すると、利権を斡旋することが自由にできる。

この職業はすでに19世紀末から存在した。マーク・トウェインは、作家になる前に連邦議員秘書の仕事をしていた。滞在

先のロンドンから手紙を書き送り、こう書いている。「アメリカの政治家ほど金に汚く金にまみれた職業集団はない」。

　ここで強調したいのは、そうした金権政治がここ10数年、さらにはびこり始めていることである。最高裁判決で政治献金が自由化され上限が撤廃され、外国からの献金も自由になり、特にネガティブ・キャンペーンに対する献金額がまったく天井なしになった結果、アメリカ政治の金権化と腐敗は極限まで進んでいる。

　その間隙を縫って、サンダースのような貧しい人のための政治家が出現した。1％対99％の世界が登場し、オバマ政権に8年間期待したけれども、オバマ大統領は何もやってくれなかった。言葉だけじゃないか──という訳だ。

　その中でトランプが登場したのである。

　アメリカがトランプ大統領を生み出した背景には、アメリカに住む45歳から55歳までの白人熟年層が、先進国の中で最も死亡率が高いという現状がある。死亡率の高さの原因の一つは、盲腸の手術だけで60万円かかるというような、高額医療もある。加えて、失職し、医療保険もなく自殺に走る人も多い。あるいは軍隊から帰って戦時神経症候群にかかって自殺するなど、毎年1日平均23人の自殺者が出ている。

　学生たちがいかに苦しんでいるかは、学生ローンの増加数を見ると分かる。アメリカは名門であればあるほど授業料は高いが、私が留学した当時はハーバードのような名門私立大学の場合、授業料は当時でも1万数千ドルだった。州立大学の場合はその半額で、州に居住している子弟は4分の1、年間4000ドルの授業料で大学へ進学できた。

第二章　新旧二つの世界の交代　39

しかし今、ハーバードの授業料は年間約8万ドル（邦価で800万円以上）だ。ロースクールに進学すると、授業料は年間10万ドル以上になる。現在アメリカでは、住宅ローンや銀行ローンより、学生ローンが最も多い。

　学生たちは4年間勉強し、ローンを抱えながら社会に出る。とは言っても職があるわけではない。そこで、「人買い」がやってくる。

　日本ではあまり知られていないが、アメリカでは軍隊も刑務所も民営化、いわゆる「プライバタイゼイション」（Privatization）が進んでいる。政府財政支出を少なくし民営化して利益を出すために、軍隊も民営化が進んでいる。従来の職業軍人に代わって、学生たちを軍隊として中東での戦争に送り込んでいる。学生たちが2年任期の兵役義務を終え本国に帰ると学生ローン3分の1を免除するといった形で、学生ローンと組み合わせて契約し、兵役に就かせる。いわゆる「経済的徴兵制」である。

　しかし戦争とは人殺しだ。だから、アメリカの若者は中東の戦場から帰ってくると、毎晩、良心に苛まれる。その結果、大量の自殺者が出ている。

　これがアメリカの若者たちの現状だ。彼らがサンダースに投票したり、トランプを支持したりする動きの中から、アメリカ帝国が没落へ向かってゆっくりと確実に歩みはじめている現実が見えてくる。

「アジア力の世紀」の意味

「資本主義が終焉した」という新説が最近出てきている。しか

40　第Ⅰ部　新旧「世界秩序」の移行

し正確に言うと、先進国世界、旧世界では「資本主義の終焉」を見ているけれども、アジアを中心とする途上国世界では「資本主義の勃興」を見ている。ここに新しい「アジア力の世紀」の意味がある。

「アジア力の世紀」という言葉を私は使い始めている。中国だけではない。「パックス・シニカ」（中国による平和）ではなく、「パックス・アシアーナ」（アジアによる平和）だからである。私が申し上げたいのは、中国の資本主義が中国一国だけで成り立っているのではなく、台湾や香港、韓国や日本からASEAN、インドなどを含めて、アジア全域に広がる、生産と通商と消費のネットワークの中で展開している現実だ。それを「人口ボーナス」というコンセプトが説明してくれる。

　昔はよく「貧乏人の子沢山」といわれ、戦前日本社会では兄弟がたくさんいるのが普通だった。中国は一人っ子政策をとってきたが、現在の人口は13億7000万人に達した。インドの人口は13億人、2030年には15億人になる。ASEAN10カ国だけで5億8千万人。バングラデシュ2億人を含め、アジア全域で30億人の人口を擁している。

　かつては、人口は富を生み出さないという意味で「人口オーナス」という言葉を使っていた。しかし今や人口オーナスではない。人口が富を生み出す「人口ボーナス」に変容している。巨大な人口が生産工場の労働力になり、同時に巨大な消費人口へと化していく。人口が多ければ多いほど豊かになることが、アジア域内生産通商消費のネットワークで可能になったのだ。

　モノとカネとヒトと技術と情報、これらが瞬時に世界を駆け巡ることができる状態が、第三次産業革命として、情報革命の

第二章　新旧二つの世界の交代　41

中で形成されている。現在「第四次産業革命」と言われているのは、この情報革命の第二段階を指す。

必ず2050年に第三段階がやってくる。ビッグデータを中心とする「インダストリー4.0」という言葉が流行しているが、それらも含めた総体としての「第三次産業革命＝情報革命」が世界を変革し、アジアを勃興させ、生産通商ネットワークを形成し、発展させる。

アジアでは一日経済圏がつくられている。成田空港を朝に出発し、昼にシンガポールに着き、午後に商談を済ませ、ナイトフライトで翌朝成田に帰って本社に出社する——これが一日経済圏の世界だ。東京からバンコクまでの4500キロは、ニューヨークからロサンゼルスまでの距離に相当する。この一日経済圏が、今アジアに生まれている。

この経済圏は、韓国・台湾・香港・シンガポールなどのアジアNIEs（新興工業経済地域）から始まり、タイ・マレーシア・インドネシア・フィリピンからカンボジア・ベトナム・ミャンマーなどASEAN諸国へと波及し、何よりも中国全土を巻き込み、今ではインドやバングラデシュなどにまで及んでいる。そこから、アジア通商生産経済ネットワーク圏、事実上の東アジア経済共同体が生まれている。

アジアが持つ「空間ボーナス」

「東アジア共同体」とは何か。鳩山元首相が沖縄問題で躓き、アメリカと日本の官僚たちによって潰されて以来、「東アジア共同体は死んだ」という議論を時々聞く。しかし現実には、「どっこい生きている」のだ。確かにアジアでは、EUのよう

な法的、デユーレ（法的）の動きは中断され、いまだ共同体が形成されていない。しかしデファクト（事実上）の共同体がすでに生まれている。地域協力の制度化が進み、ガバナンスがつくり出されている。

アジア諸国間では、通商生産上の相互依存と相互補完の関係が強化され、互いが互いを必要とせざるを得ない状況が生まれている。一つの製品がいくつもの国でつくられ、ネットワーク化が進んでいる。そのデファクトの共同体が、アジアで資本主義を勃興させ興隆させている。その結果、アジア総人口30億人の中に、人口6億人の中間層が生み出されている。

中間層とは車1台を買うことができる層のことをいう。その中間層が今やアジア全域で6億人にも達し、あと数年すると10億人になり、20年後には20億人を超える。巨大な消費市場が拡大し続けている。

実際、低賃金で低コストの利を軸に、まず人口13億7000万人の中国を中心にアジアは「世界の工場」になった。そして中間層の増大とともに「世界の工場」が「世界の市場」へと変貌している。その結果、膨大な人口を抱えるアジアに、巨大な消費市場が生まれている。

その勃興するアジアが、世界の資本主義の新しい拠点、総本山として生み出されている。いや、それだけでない。

「空間ボーナス」もある。2015年3月25日付『日本経済新聞』経済教室欄で、「空間ボーナス」という言葉を私は初めて使った。当時アジアインフラ投資銀行（AIIB）に日本が入るべきかどうかが、専門家や政治外交界で話題になっていた。先進国の中でAIIBに入っていないのはアメリカ、日本、カナダ

第二章　新旧二つの世界の交代　43

だけだった（その後、カナダは加入）。私は以前から、日本は入るべきだと主張していた。2015年には金立群総裁が中尾武彦ADB総裁に、ぜひAIIBの副総裁として協力してもらいたいと依頼したが、日本の本省の了承が出ず断らざるを得なかったという実情も明らかになっている。

　元々アジアという地域は、ヨーロッパと違って、ヒマラヤ山脈やゴビ砂漠、マラッカ海峡や東シナ海など、沢山の山岳や島、海洋や大河で分断されている。インドと中国の間には巨大な山脈があるし、インドネシアは国の両端の時差が4時間もあり、何万もの島々からできている。それが、発展にとってマイナスに作用していた。つまり巨大な空間が発展の障害要因になってきた。その意味で「空間オーナス」だった。空間が富を生み出さない。地域の富を生み出す阻害要因だったのである。ところが情報革命は、この「空間オーナス」を「空間ボーナス」に変えた。

　なぜ空間のマイナスがプラスへと変貌したのか。ここでもまたそれは、情報技術の発達による。例えば日本のコマツ（小松製作所）は、地理的な悪環境を逆に好環境に変える建設機器を作り出している。空中偵察衛星で起伏を計算しながら、どこにどうやって橋や道路を建設し港湾を整備すべきかを判断し指揮命令できる新しい工法を生み出している。そしてそれに対応してインフラ投資の巨大マーケットが広がっているのである。

　もはや狭い日本列島の島国の中だけで「列島強靭化」を進めても限界がある。リニア新幹線を作り30分で東京から名古屋まで行けるようになっても、どれだけの経済効果があるのだろうか。だから私は「日経新聞」経済教室の中でも、「日本列島

強靱化」で狭い国土に投資するのではなく、広大なユーラシア大陸に投資をし相互に利益を上げていく仕組みをつくるべきではないかと論じた。これが、空間ボーナス論の骨子だ。アジアの広大な空間に、巨大な投資と市場のチャンスが広がっており、ここにアジアの富を生み出す源泉がある。これがAIIBが持つ意味だ。

もう一つ、先の経済教室の論文で、空間オーナスを空間ボーナスに変化させるために国家間協力が必要だと訴えた。特に日本の先進的な建設機器や技術を活用し、広大なアジア空間で建設事業を進めるためには、国家間協力が必要不可欠になる。互いに国境を接した国と国や、技術と資金面での多国間協力が不可欠だ。南シナ海や東シナ海であれ、ゴビ砂漠やメコン河デルタ地帯であれ、その国家間協力が潜在的な中国の軍事的脅威を削いでいく。

巨大国家・中国の有り余ったエネルギーを、多国間協力の枠の中で活用することによって、東アジアの協力体制を生み出すことができる。これが、インフラ投資のポテンシャルな意味である。

「脱亜入欧」から「連欧連亜」の世紀へ

情報革命が進展する中で、新しい世紀の大変化が生まれている。20世紀の覇者、アメリカ帝国が終焉し、アジアの新しい資本主義が勃興している。世界の自動車生産量を見ても、中国やインドが急速に台頭し続けている。

鉄鋼生産についてもアジアの成長は著しい。世界鉄鋼企業上位50社のうち25社、トップ6社のうち4社が中国企業だ。日

本の新日鐵住金は2位をかろうじて保っているが、1位、3位、4位、5位を中国企業が占め、6位に韓国企業が来る。

　基幹産業である鉄鋼や自動車産業で急激に台頭するアジア諸国と反比例して、アメリカの地位が低落し続けている。ものづくりを止め「カネつくり」しかしていないからだ。

　19世紀に世界の鉄鋼生産の7割はイギリスが占め、19世紀末にアメリカの生産量が世界の4割となった。ところが20世紀に入ると、イギリスが没落しアメリカが台頭し、その後をソ連が追いける構図が出てくる。1990年代を境にソ連が没落・解体し、アメリカの衰退が始まりアジアが興隆し始める。それが、新しい21世紀の実像だ。「資本主義の終焉」ではない。「資本主義の勃興」であり再生なのである。

　新時代の巨大な変化に対し、日本はどう対応していくべきか。1980年代まで「太平洋トライアングル構造」が存在した。世界が巨大なアメリカ市場を中心に展開し、日本がアメリカ市場を目指し、NIEs（アジア新興発展地域：韓国・台湾・香港・シンガポール）が日本の後を追いかけていた。日本が先頭でモノを作り、太平洋を超えて、巨大なアメリカ市場に輸出する――。いわゆる、「太平洋トライアングル構造」である。

　しかし1990年代以降、アジア域内生産が増大し、ASEAN諸国が台頭した。東アジアネットワーク分業が形成され、域内交易が盛んになり、「東アジアトランアングル」構造へと移行した。

　そして今では中国とASEAN10カ国が太いパイプとなり、東方からは日本・韓国・台湾が、西方からはインド・バングラデシュが、両端から中国ASEAN軸を支えるように参画し、

巨大なアジア生産通商共同体が作られている。私はこれを「拡大アジアトライアングル構造」と呼んでいる。

よく日本では、中国の膨張主義を封じ込めるために、アメリカも加わって、日本・インド・オーストラリア・韓国・フィリピンによる「民主主義国家提携戦略」を進めるべきだという議論が展開されている。しかし中印間の貿易量は、日印間の7倍にまでなっている。5年前までは4倍だったので、急激に中国・インド間の貿易通商経済関係が強まっている。日・印・豪・韓・比による対中封じ込め戦略といった考えは、深化した中印経済の現実を無視した空想論でしかない。ブリックス（BRICS）銀行が誕生し、中国とインドがASEAN投資銀行やAIIBの中心加盟国であるのもその証左といえよう。

明治以来の福澤諭吉の「脱亜入欧」論——アジアから脱し、アジアの悪友と手を切り、ヨーロッパの良き友と手を結び、仲間入りさせてもらうべきだという思想——は終わった。今は逆に「脱米入亜」の世紀、いや、「連欧連亜」の世紀だ。EUやアメリカと手を結びながら、アジアとも手を結ぶ時代。その時に改めて「東アジア共同体」の先にあるものが見えてくる。

中国脅威論の虚妄

私が「東アジア共同体」構想を論じると、「中国に沖縄が占領されるじゃないか」との批判が出てくる。しかし、これは全くの虚説でしかない。中国脅威論は、ペンタゴン発のつくられた脅威論だ。トランプ政権が展開している外交軍事政策によって、その虚妄が明らかになってきた。中国の脅威は日本で過大に認識されている。本書第三章の村田忠禧論文が詳細に検証す

るところだ。

　中東、シリアや北朝鮮で今日アメリカが展開している軍事戦略は、1980年代末の米国の外交戦略の連続線上にある。冷戦終結後、アメリカは世界で独裁者の像を引き倒し、斬首作戦を展開し始める。レーニン像を倒し共産主義を倒壊させる。2013年フセイン独裁を倒しイラクを米勢力圏下に置き、2011年にはリビアの独裁者カダフィを倒した。「デモクラティゼーション（民主化）」というふれ込みで「アラブの春」を作り出し、「短い春」が到来した。

　そして今アメリカは、北朝鮮の脅威を煽り、シリアでアサド政権を倒す「民主化政策」を進めている。しかしいったいこれは、誰のための民主化で、誰のための戦争なのかが、問い直されなくてはならない。

　ティラーソン国務長官はエッソ・スタンダードのCEOで、シェールガス価格を1バーレル当たり50億ドルを超えさせたい。気候変動に関するパリ協定からも離脱し、「アメリカ・ファースト」の下で、単独主義外交を推し進め、化石燃料の価格を下げてシェールガス開発を進めようとしている。シリアの空爆にはこうした背景も潜んでいるのである。

　同時にアメリカは、ロシアと共同で極東シベリアのガス田開発を進めようとしている。だから中長期的にはトランプ政権は、米露関係の良好化を目指している。だが、その対露改善の動きを、CIAや軍産複合体と反トランプ民主党陣営が、いわゆるロシア疑惑をめぐって、反転攻勢をかけ、巻き返しをはかっている。

　他方、米中関係は着実に改善されるだろう。ブランステッド

48　第Ⅰ部　新旧「世界秩序」の移行

元アイオワ州知事は、1983年から州知事を20年間務め、1985年習近平が農業研修生として初訪米した際も、ホームステイを受け入れ農業指導をし、以来昵懇の仲である人物だ。そのブランスタッドが中国大使に就任した。米中関係はアメリカ外交の基軸であり、米中「共同発展」の道を模索すべきだと説くキッシンジャーもトランプ大統領の外交顧問を務めている。彼はトランプが大統領に当選した当日に北京に向かっている。

　また、トランプの娘・イヴァンカは大変な親中派だ。トランプの5歳の孫娘アラベラは中国語を勉強し、旧正月に中国服を着て、中国語で歌った映像がYouTubeに投稿され、中国で評判になった。トランプタワーには、中国トップの中国工商銀行のアメリカ本店が入っている。

　だから、米中関係の好転というのはシナリオ込みで、日本がいくら北朝鮮脅威論とともに中国脅威論をアメリカに説いても、米中友好関係は変わることないと断言できる。

　紆余曲折あるが、米露関係もまた改善に向かわざるをえないのではなかろうか。そして結局、第二次世界大戦終戦時のヤルタ体制と似たような大国間関係が、中国の超大国化を背景に「一帯一路」構想を軸として、ユーラシア新世紀の時代が生み出されてくる。それを中国とアメリカ、EU、ロシアとの間でつくられる、「新ヤルタ体制」と呼ぶこともできる。

　だからこそ私たちは、AIIBのような形で「空間ボーナス」を生かし、中国と連携しながら、南シナ海や東シナ海のガス田や、メコン河デルタ、ASEAN諸国間の海洋港湾インフラ、中央アジアの高速鉄道運輸網等にインフラ投資し、アジアの豊かさをつくり上げていくことが必要だ。「共存共栄」「共生の関

第二章　新旧二つの世界の交代　49

係」を広域アジアにつくり上げることが、そしてその軸に日中友好の再構築を進めることが、21世紀に私たちに課された課題だと思う。その課題に応えることが、世紀のパワーシフトが展開する今、私たちに求められている、新旧二つの世界の交代下で進む「連欧連亜」の道である。

第Ⅱ部

複合的目線で見るアジアの真実

第三章　中国の台頭、「大国化」をどう受け止めるのか

村田忠禧（横浜国立大学名誉教授）

世界から見て異常な日本の「中国イメージ」

2016年末、恒例となっている「外交に関する世論調査」の結果が内閣府から公表された。調査は2016年10月27日〜11月6日に実施され、インターネット（http://survey.gov-online.go.jp/h28/h28-gaiko/index.html）で公開されている。この結果によると、中国に「親しみを感じる」、「どちらかというと親しみを感じる」の合計は16.8％で、前回の調査結果（14.8％）に比べるとやや改善されてはいるが、相変わらず低空飛行が続いている。

世界各国も日本と同様な対中イメージをいだいているのだろうか。

アメリカの世論調査機関Pew Research Centerが公表する世界各国の中国イメージの調査結果によって大まかな傾向を知ることができる（China Image http://www.pewglobal.org/database/indicator/24/）。

表1にある通り、中国に好印象をいだいている国々の大半はアフリカ等の発展途上国である。それに引き替え西側先進諸国の評価は比較的辛い。しかしその中でも日本の評価は非常に低い。とりわけ第二次安倍政権成立（2012年）後は極端に悪く

表1 Pew Research Center による主要国の中国好感度調査
(Favorable %)

	06年	07年	08年	09年	10年	11年	12年	13年	14年	15年	16年	17年
平均	54	52	43	48	50	52	46	52	51	54	43	47
日本	27	29	14	26	26	34	15	5	7	9	11	13
トルコ	33	25	24	16	20	18	22	27	21	18	—	33
ドイツ	56	34	26	29	30	34	29	28	28	34	28	34
米国	52	42	39	50	49	51	40	37	35	38	37	44
韓国	-	52	48	41	38	-	-	46	56	61	—	34
ロシア	63	60	60	58	60	63	62	62	64	79	—	70
パキスタン	69	79	76	84	85	82	85	81	78	82	—	—

順位

日本/総数	12/12	33/36	20/20	20/21	19/20	19/20	18/19	39/39	43/43	39/39	18/18	37/38

表2 2015年における調査39ヶ国の好感度順 平均は54%

75%以上	パキスタン 82 ガーナ 82 ロシア 79 マレーシア 78 エチオピア 75 ブルキナファソ 75
50～74%	タンザニア 74 ケニア 70 セネガル 70 ナイジェリア 70 チリ 66 ウガンダ 65 インドネシア 63 韓国 61 ペルー 60 ベネズエラ 58 ウクライナ 58 オーストラリア 57 イスラエル 55 ブラジル 55 パレスチナ 54 フィリピン 54 アルゼンチン 53 レバノン 52 南アフリカ 52 フランス 50
25～49%	メキシコ 47 英国 45 スペイン 41 インド 41 ポーランド 40 イタリア 40 カナダ 39 米国 38 ドイツ 34 ヨルダン 33
25%以下	ベトナム 19 トルコ 18 日本 9

なっており、世界の一般的傾向とは明らかに異なっている。

公表された2017年のデータ

　2013～15年には各国の中国好感度の平均値が50％以上であったが16年は43％と大幅に下落している。調査対象国が13年39、14年43、15年は39であったのに16年は18カ国に過ぎない。しかもそのほとんどがいわゆる西側先進国である。16年の調査ではアジア、アフリカ等発展途上国の声が十分に反映されていない。それまで常に高い値を示していたパキスタンが

表 3 Pew Research Center による中国好感度調査（2017 年）平均は 47%

60% 以上	ナイジェリア 72 ロシア 70 オーストラリア 64 セネガル 64 レバノン 63 タンザニア 63 チュニジア 63 ペルー 61
50〜59%	インドネシア 55 フィリピン 55 ケニア 54 イスラエル 53 ブラジル 52 ベネズエラ 52 チリ 51 ギリシア 50
40〜49%	ガーナ 49 オランダ 49 カナダ 48 南アフリカ 45 英国 45 米国 44 フランス 44 コロンビア 43 メキシコ 43 スペイン 43 ポーランド 42 アルゼンチン 41 スウェーデン 41
30〜39%	ハンガリー 38 ヨルダン 35 ドイツ 34 韓国 34 トルコ 33 イタリア 31
29% 以下	インド 26 日本 13 ベトナム 10

16 年、17 年の調査ではデータがない。そのように片寄った調査であるが、日本は相変わらず最下位である。

　日本にとって中国は大切な隣国であるはずなのに、こんな状態でいいのだろうか。

米・中・日・独の軍事費の比較から見えてくる事実

　中国の軍事力増強、とりわけその海洋進出を懸念する報道が目立つ。16 年度の中国の国防予算は 9544 億元。17 年度は 1 兆 444 億元と 1 兆元を越えた。11 年以来、前年比 12.7%、11.2%、10.7%、12.2%、10.1% 増と 5 年連続 2 桁台の伸びを示してきた国防費が、経済成長速度の低下（新常態）に伴って 16 年は 7.6% 増、17 年は 7.1% 増となった。海外のおおかたの予想とは異なる数値なので、本来ならそこに的を絞った分析をすべきところ、「日本の 2016 年予算の防衛関係費（約 5 兆円）と比べても 3 倍以上の規模」（「日本経済新聞」2017 年 3 月 6 日）と、中国の国防費の突出ぶりを強調する記事が大半であった。

　このお決まり論調の源は安倍首相（『防衛白書』）にある。15

第三章　中国の台頭、「大国化」をどう受け止めるのか　55

年の国会での「安保法案」審議における答弁で、彼は中国の国防費の増大ぶりをしきりと強調し、それを法案成立のための口実にしてきた。一例を挙げると、安倍首相はこう答弁している。

「中国につきましては、公表国防費が1989年以降毎年2桁の伸び率を記録し、過去27年間で約41倍になっており、今年度においては中国の国防費は日本の防衛予算の3.3倍に達しております」（2015年8月25日の参院特別委員会での答弁）。

人口が日本の10倍、国土面積は26倍にも及ぶ中国。その国防予算が日本の3.3倍であることがどうして問題になるのだろうか。

日本でも戦後、防衛費が前年比二桁増を示した時期が14年間続いた。1962年（11.8％）から1975年（13.1％）までの14年間で、その平均増加率は15.9％である。沖縄復帰直後の1974年に28.6％増と異常な伸びを示したことが数値を引き上げている。その次に高い伸びは1970年の18.9％で、当時は日本国内からだけでなくアジア諸国からも「日本軍国主義の復活」を懸念する声が高まったことは記憶に新しい。

スウェーデンにストックホルム国際平和研究所（Stockholm International Peace Research Institute、以下、SIPRI と略称）という研究機関があり、世界各国の軍事費を調査しデータベースを公開している。その内容は誰でも入手できる（http://www.sipri.org/research/armaments/milex/milex_database）。

他国の軍事費と比較してみると理解しやすいので、ここでは

表4　米・中・日・独4ヶ国の軍事費　SPRのデータより
　　　（単位　億米ドル及び1990年＝100とした場合の指数）

	1990年	1995年	2000年	2005年	2010年	2011年	2012年	2013年	2014年	2015年	2016年
米国	3062	2789	3017	5034	6982	7113	6848	6397	6099	5960	6112
中国	101	126	229	459	1157	1380	1574	1799	2008	2141	2152
日本	288	500	455	443	547	608	600	490	466	411	461
ドイツ	423	412	282	381	463	481	465	459	461	398	411
米国	100	91	99	164	228	232	224	209	199	195	200
中国	100	125	227	454	1146	1366	1558	1781	1988	2120	2131
日本	100	174	158	154	190	211	208	170	162	143	160
ドイツ	100	97	67	90	109	114	110	109	109	94	97

表5　米・中・日・独4ヶ国の一人当たり軍事費　SPRのデータより
　　　（単位　米ドル）

	1990年	1995年	2000年	2005年	2010年	2011年	2012年	2013年	2014年	2015年	2016年
米国	1211	1047	1066	1700	2253	2277	2175	2017	1909	1852	1886
中国	9	10	18	35	86	102	116	132	147	156	156
日本	236	401	362	349	429	477	472	386	368	325	365
ドイツ	536	504	344	468	575	599	577	570	572	493	509

米国・中国・日本・ドイツを取り上げる。なおSIPRIが公表した中国の軍事費は中国政府公表の国防費よりおよそ6割多く見積もっている。ここではその当否は問わず、一研究機関の研究データとして扱う。

　表4を見ると、米国の軍事費が断トツに多いが、1990年を100とした場合、米国や日本の伸びはさほど多くはないのに、中国は21倍と確かに驚異的に増大している。しかし伸びだけを見るのは不十分である。国の規模との関係で見る必要がある。

　一人当たりの軍事費（表5）でみると米国（1886ドル）が突出しており、中国（156ドル）は日本（365ドル）の43％、米国の8％に過ぎない。

　経済規模を比べてみよう。

表6　米・中・日・独4ヶ国の名目GDP　IMF統計より
　　　（単位　10億米ドル及び1990年=100とした場合の指数）

	1990年	1995年	2000年	2005年	2010年	2011年	2012年	2013年	2014年	2015年	2016年
米国	5980	7664	10285	13094	14964	15518	16163	16768	17419	18037	18509
中国	404	757	1193	2287	5950	7314	8387	9469	10380	11182	11218
日本	3104	5334	4731	4572	5495	5906	5954	4920	4616	4124	4939
ドイツ	1591	2593	1953	2863	3418	3756	3535	3731	3860	3365	3467
米国	100	128	172	219	250	259	270	280	291	302	311
中国	100	187	295	566	1473	1810	2076	2344	2569	2768	2777
日本	100	172	152	147	177	190	192	159	149	133	159
ドイツ	100	163	123	180	215	236	222	235	243	212	218

　中国の2016年のGDPは1990年の約28倍になった。一方、軍事費の伸びは表4で示した通り21倍である。経済規模の増大以上に軍事費が突出して増えた戦前の日本の軍国主義時代とは異なる、経済規模の拡大に伴う動きであって、とりたてて大騒ぎする現象ではない。

　表6が示す通り中国は2010年には日本を越えて世界第2位のGDP大国になった。しかしそれは国の規模が大きいので当然のことである。表7の一人当たりGDPでみると、2016年ですら米国の14%、日本の21%に過ぎず、一人当たりGDPが8113ドルの中国はまだ発展途上の大国であるといえる。参考までに台湾の一人当たりGDPは2万2453ドルであり、中国の2.8倍である。世界順位では米国8位、ドイツ19位、日本は22位、中国は74位（台湾37位）である。

　GDPに占める軍事費の割合では米国が断トツである。しかしその米国ですら2013年以降、3％台を維持している。今後トランプ政権はこの数字を増やすのだろうか。

　中国は2010年以降、1.9％を上限としている。中国政府の公

表7　一人当たり名目GDP（米ドル）及び1990年=100、米国=100の指数（IMFより）

	1990年	1995年	2000年	2005年	2010年	2011年	2012年	2013年	2014年	2015年	2016年
米国	23914	28763	36433	44218	48309	49725	51409	52939	54597	56084	57436
中国	354	625	941	1749	4437	5429	6194	6959	7589	8141	8113
日本	25140	42516	37304	35781	42917	46175	46661	38633	36332	32479	38917
ドイツ	20056	31689	23741	34723	41814	46753	43903	46200	47590	40952	41902
米国	100	120	152	185	202	208	215	221	228	235	240
中国	100	177	266	494	1254	1534	1751	1967	2145	2300	2292
日本	100	169	148	142	171	184	186	154	145	129	155
ドイツ	100	158	118	173	208	233	219	230	237	204	209
米国	100	100	100	100	100	100	100	100	100	100	100
中国	1.5	2.2	2.6	4	9.2	10.9	12	13.1	13.9	14.5	14.1
日本	105.1	147.8	102.4	80.9	88.8	92.9	90.8	73	66.5	57.9	67.8
ドイツ	83.9	110.2	65.2	78.5	86.6	94	85.4	87.3	87.2	73.0	73.0

表8　GDPに占める軍事費の割合（%）SIPRIより

	1990年	1995年	2000年	2005年	2010年	2011年	2012年	2013年	2014年	2015年	2016年
米国	5.3	3.6	2.9	3.8	4.7	4.6	4.2	3.8	3.5	3.3	3.3
中国	2.5	1.7	1.9	2.0	1.9	1.9	1.9	1.9	1.9	1.9	1.9
日本	0.9	0.9	1.0	1.0	1.0	1.0	1.0	1.0	1.0	1.0	1.0
ドイツ	2.7	1.6	1.4	1.3	1.4	1.3	1.3	1.2	1.2	1.2	1.2

表する国防費では1.3％という数値である。日本、中国、ドイツとも軍事費の大幅な変化は見られない。日本でGDP比1％という縛りを突破しようとする動きは世界の大勢に背き、財政赤字を増大させることになる。

　ここで紹介したデータから中国の「軍拡脅威論」を立証できるだろうか。他に狙いがあって意図的に中国の「軍事的脅威」を騒ぎ立てている、としか考えられない。

日中間の領土をめぐる主張の対立について

　中国の「軍事的脅威」を煽る口実にされるのが「尖閣（釣魚

島）諸島」の領土問題である。

　日本政府は「尖閣諸島」は日本の固有領土であり、日中間に領土問題は存在しない、との立場である。

　中国政府は「釣魚諸島」は中国の固有領土であるが、ただし領有権をめぐって日本と係争中であることを認め、話し合いによる解決を主張している。

日本が「尖閣諸島」を固有の領土と主張する根拠

　沖縄を日本の固有の領土とは言わない。1879年4月の「琉球処分」で沖縄県が設置される以前は、独立国家であったからである。では「尖閣」も「琉球処分」によって同時に沖縄県に編入されたのだろうか。――そうではなく1895年1月の閣議決定で「尖閣」を沖縄県に編入した、と日本政府は主張している。

　沖縄県に「尖閣」を編入する時の内務省の理屈は以下の通り。

　　「明治十八〔1885〕年中、貴省〔外務省〕と御協議の末、指令及びたる次第も有之候得共、**其当時と今日とは事情も相異候**に付」（閣議提出前の94年12月27日の内務大臣の外務大臣宛て照会）（強調引用者）

「その当時（1885年）と今日（1894年12月）」とで「相異なる事情」とは何なのか。

　1885年に山県有朋内務卿は「尖閣」（当時、そのような名称は存在しないが）を領有しようとしたが、清国の抗議を懸念した井上馨外務卿が同意せず、国標建設は取りやめとなった。

1894 年 7 月に始まった日清戦争は 12 月の時点ですでに日本の勝利は確定的となっており、朝鮮の独立の承認、賠償金とともに領土（台湾等）の取得が時の日本の最大の関心事となっていた。もはや小さな無人島に過ぎない「尖閣」の取り扱いについて清国に配慮する必要はなくなったので、戦勝に乗じてこっそりと沖縄県に編入することを閣議決定したのである。詳しくは村田忠禧著『史料徹底検証 尖閣領有』（花伝社、2015 年）を参照していただきたい。

　1895 年 4 月の「下関条約」で台湾は日本の植民地になるが、1945 年 8 月に日本は「ポツダム宣言」を受諾・降伏し「カイロ宣言」（43 年 12 月）に基づき、台湾を中国に返還した。

　理屈のうえでは「釣魚諸島（尖閣）」も台湾と同時に中国に返還すべきものであった。しかし日中双方とも、この小さな無人島の存在に気づかなかった。

「ポツダム宣言」受諾前の 45 年 6 月、沖縄を制圧した米軍は沖縄の軍事占領を開始する。米国が占領した沖縄には「尖閣」が含まれていた。1972 年 5 月に沖縄の施政権は日本に返還されるが「尖閣・釣魚島」の領有権をめぐる日中（台湾も含む）の争いはその時以前に顕在化していた。

　米国は、日本に返還したのは「施政権」であって「領有権」については「中立」という立場をとっている。米国らしい「狡猾さ」であるが、歴史事実に合致している。

日中間に「棚上げ」合意が存在していた

　1972 年 9 月に日本は中華人民共和国と国交を樹立するが、その前後に「尖閣・釣魚島」の領有権問題が障害になりかけた。

72年7月、竹入義勝公明党委員長が周恩来総理と会談。周恩来は領土問題を国交回復の障害にしてはならないと語り、周辺海域の資源の共同開発にも言及した。『記録と考証 日中国交正常化・日中平和友好条約締結交渉』（岩波書店、2003年）のなかの「竹入メモ」と竹入の朝日新聞記者との談話を参照のこと。棚上げ合意があったから日中国交正常化は実現した。

78年10月に来日した鄧小平も棚上げを明言

「尖閣列島をわれわれは釣魚島と呼ぶ。呼び名からして違う。確かにこの問題については双方に食い違いがある。**国交正常化の際、双方はこれに触れないと約束した。今回、平和友好条約交渉の際も同じくこの問題に触れないことで一致した。**中国人の知恵からして、こういう方法しか考えられない。というのは、この問題に触れると、はっきりいえなくなる。確かに、一部の人はこういう問題を借りて中日関係に水をさしたがっている。だから両国交渉の際は、この問題を避けるのがいいと思う。こういう問題は一時棚上げしても構わないと思う。十年棚上げしても構わない。われわれの世代の人間は知恵が足りない。われわれのこの話し合いはまとまらないが、**次の世代はわれわれよりもっと知恵があろう。その時はみんなが受け入れられるいい解決方法を見いだせるだろう。**」（強調引用者）

この見解は中国側の主張であるだけでなく、当時の日本政府も受け入れていた。

のちに日本政府は「棚上げ合意」の存在を否定する。

1996年2月19日衆院予算委員会における池田行彦外務大臣の発言は以下の通りである。

「尖閣列島につきましては、我が国の立場は、これは歴史的な経緯からいいましても、また国際法上からいいましても、我が国固有の領土であり、また、現にその地域を我が国が有効に支配している、こういうことでございますので、我が国としては、**そもそも中国との間において尖閣列島をめぐる領有権の問題は存在しない**、こういう立場をとっているところでございます。」（強調引用者）

「棚上げ了解」の事実を否定したことにこそ、今日の領土問題の発端がある。

2010年9月の中国漁船と巡視船の「衝突」事件

2010年9月、日本の巡視船が中国籍の漁船に接舷しようとして事故が発生した。当時、日本のマスコミで連日流された巡視船から撮影した映像からは、漁船が体当たりしているかのように見える。地球の自転に意識がいかず、太陽が東から昇ってくるように見えるのと同様の錯覚である。しかし日本の世論は激昂した。

「日中漁業協定」では尖閣諸島を含む北緯27度以南の水域では、お互いに自国の漁船だけを取り締まることになっている。

2003年以来、日本政府は魚釣島の所有者から借り上げを実施した。12年4月に当時の石原慎太郎都知事が買い上げ方針

第三章　中国の台頭、「大国化」をどう受け止めるのか　63

を打ち出し、9月に日本政府は魚釣島等を買い上げ「国有化」した。それに対し中国の世論は激昂し、反日デモや破壊活動が発生した。

　日中双方に、事実誤認や過剰反応から衝突が発生する危険性が存在している。

日中関係の改善に向けた話し合い
　2014年11月7日、外務省ホームページには以下の文章が掲載された。

　　日中関係の改善に向け，これまで両国政府間で静かな話し合いを続けてきたが，今般，以下の諸点につき意見の一致をみた。
　1　双方は，日中間の四つの基本文書の諸原則と精神を遵守し，日中の戦略的互恵関係を引き続き発展させていくことを確認した。
　2　双方は，歴史を直視し，未来に向かうという精神に従い，両国関係に影響する政治的困難を克服することで若干の認識の一致をみた。
　3　双方は，尖閣諸島等東シナ海の海域において近年緊張状態が生じていることについて異なる見解を有していると認識し，対話と協議を通じて，情勢の悪化を防ぐとともに，危機管理メカニズムを構築し，不測の事態の発生を回避することで意見の一致をみた。
　4　双方は，様々な多国間・二国間のチャンネルを活用して，政治・外交・安保対話を徐々に再開し，政治的相互信頼関

64　第Ⅱ部　複合的目線で見るアジアの真実

係の構築に努めることにつき意見の一致をみた。

　両国政府はこの4点の基本合意を厳格に守るべきだ。しかし日本政府は沖縄への自衛隊増強の口実として「離島（尖閣）防衛・奪還」を喧伝している。

　中谷元・防衛相（当時）は「航空自衛隊那覇基地（沖縄県）に第9航空団を（注：2016年1月）31日に編成すると発表した。新たな航空団の設置は約50年ぶり。与那国島に陸自駐屯地を3月28日に設置することも決めた。東シナ海で活動を強める中国を牽制し、南西地域の離島防衛を強化する」とした（「朝日新聞」2016年1月27日）。

　この無人島をめぐる争いは、領有権については棚上げにし、日中の平和・友好・協力・共同発展の象徴として共同管理をすることで解決すべきではないか。そのためにはまず信頼関係を深めるための具体的な努力が必要である。領土問題を利用した挑発行為は絶対に止めるべきである。

対話・交流を通じて相互進化する中国・米国関係

　米国とソ連は戦後、東西陣営という「勢力圏」を作って覇を争い合ったが、1989年には東欧諸国が、91年にはソ連が崩壊した。根本は軍事優先・民生軽視で民心を失ったことにある。

　中国は「勢力圏」を作らないし、作る力もない。1949年の建国後は日本など先進国の支援を求めていたが、逆に「封じ込め」されてしまった。そのため「戦争と革命」「自力更生、刻苦奮闘」というイデオロギー優先の「革命外交」で独立を守るしかなかった。

第三章　中国の台頭、「大国化」をどう受け止めるのか　65

以下、毛沢東と鄧小平の外交政策の特徴を見ていこう。

① 「毛沢東外交」（1949～76年）の特徴

71年7月の米中関係改善から、中国の国連復帰、72年9月の日中国交樹立と続く。76年10月には「四人組」逮捕によって「文革」（文化大革命）が終息し、「中共11期三中総」（78年12月）へと至る。

その後、1979年1月には、米中国交が樹立される、という一連の展開により、「戦争と革命」ではなく「平和と発展」を時代の潮流ととらえ、経済建設を第一の任務とする「改革開放」政策に転換した。

② 「鄧小平外交」（1978年以降）の特徴

中国の変化（改革開放への転換）を的確に捉えた日本は、1980年代にODA（政府開発援助）によるインフラ整備、人材育成協力等で中国の改革開放を積極的に協力・支援した。中国も積極的に日本に学ぶようになった。

一方で、歴史教科書や靖国参拝等、歴史認識をめぐる摩擦・対立はあったが、90年代半ばまでは日中関係はそれなりに順調に発展し、とりわけ経済面での繋がりが太くなっていった。

2001年12月、中国はWTOに加盟する。経済のグローバル化の波に乗り、世界の製造工場としての地位を高めた。日本はバブルが崩壊し、米国は中東の戦争から抜け出せないなか、経済建設に専念した中国は高い経済成長を維持した。

2008年「リーマン・ショック」による世界経済危機に直面し、4兆元の内需刺激策をとることで世界経済の牽引車となり、10

年にはGDPで日本を抜き、世界第2位の「経済大国」となった。

従来の10％台の高成長から6〜7％へとスピードダウン（新常態）し、第三次産業重視、投資や輸出依存から内需拡大、民生・環境重視へと構造転換中である。

世界第2位の経済大国になった中国を持続的に発展させるためには、国内の安定とともに平穏な国際環境の確保が不可欠である。「愛国主義」を過度に強調すると、日本をはじめとする周辺国の警戒・摩擦を増大させ「中国脅威論」に市場を提供してしまう。

それを克服すべく「人類運命共同体」意識を提唱（12年11月の18回党大会政治報告）しているが、どこまでこの理念を浸透・共有・具体化できるかが今後の課題である。17年10月の19回党大会では「人類運命共同体」意識の提唱がいっそう鮮明になった。

日中の歴史認識の共有化はなぜ難しいか

大半の日本人にとっての戦争イメージは米国との戦争であり、「空襲」「広島・長崎」「沖縄」どまりであるといえよう。中国をはじめとするアジアへの侵略戦争を想起する人は、残念ながら多くはない。

中国人にとっての戦争は、日本軍（「鬼子兵」）が自国へ勝手に押し入り悪事の限りを尽くしたことである。痛い目に遭わされた側は忘れないが、遭わせた側は気づかないし、忘れ、隠そうとする。

学校の授業でも「原爆、空襲を忘れてはならない」と教える

第三章　中国の台頭、「大国化」をどう受け止めるのか　67

が、南京大虐殺、毒ガス戦、細菌戦等の加害の歴史は教えない。東京大空襲は教えるが、中国での日本軍の大規模な空襲は教えない（笠原十九司『海軍の日中戦争——アジア太平洋戦争への自滅のシナリオ』（平凡社、2015年）をぜひ読んでほしい）。

　ごく普通の日本人が軍隊で人殺し精神を注入され、「鬼子」となって悪事を尽くした。戦争中、中国共産党指導下の軍隊の捕虜となり、あるいは敗戦後、戦犯となってから人間性回復の人道教育を受け、帰国後に反戦・平和・日中友好に貢献した人々や、中国の解放事業に協力した事例が存在する（伊東秀子『父の遺言——戦争は人間を「狂気」にする』（花伝社、2016年）参照）。

人民同士に根本的対立は存在しない

　われわれは同じ地球に生きているが、国家という枠から簡単には抜け出せない。政治・歴史・文化・環境が異なるだけでなく、生活水準や教育程度も各人各様である。そのため見解の相違、対立が発生するが、それは自然なことである。

　同一の物体でも見る角度によって見え方は異なるし、ましてや顕微鏡、望遠鏡を使えばまるで別世界が見えてくる。認識の一致を性急に求めてはならない。

　過去を感情に頼って語ってはならず、事実に基づいた客観的認識が必要である。事実を尊重する誠実さがあれば、事実の共有化は実現できる。事実の共有化ができれば、認識も次第に共有化できる。

　しかし現実世界は多元・重層的であり、共有化すべき事実は無限に存在する。真偽の識別や軽重の判定が必要だ。これが研

究という作業で、それを国家の枠を越えて共同で行い、その成果を人類全体に公開していくことが望ましい。それが実現できれば、悲しく忌まわしい過去は未来を切り開くための貴重な財産として生まれ変わるであろう。

対立ではなく協力にこそ未来はある

アジアは今日の世界で最も活力に満ちた地域であり、その最大の牽引力は中国にある。その中国は 2013 年 9 月にはユーラシア大陸を横断する新たなシルクロード、同年 10 月には太平洋からインド洋、さらには地中海に繋がる新たな海のシルクロード（「一帯一路」構想）を提起し、「アジアインフラ投資銀行」（AIIB）の設立をも提起した。

アジアの活力を自国の発展に結びつけようと、イギリス等主要先進国が AIIB への参加を表明し、57 カ国が加盟して発足した。2017 年 5 月現在、アジア開発銀行（ADB）の 67 カ国より多い 77 カ国が参加。米国は現時点では参加を見合わせているが、対抗意識を示しているわけではない。同じアジアの一員でありながら対抗意識丸出しの安倍政権の意固地ぶりが目立つ。一帯一路国際協力サミットフォーラムは 17 年 5 月 14 日に北京で開幕。世界 29 カ国の元首・首脳、130 カ国から 1500 人以上が参加した。世界の大勢に押され、膠着状態に陥っている日中関係に改善の動きが現れ始めている。

歴史を動かす根本的な力は軍事力ではなく、経済力にある。人々が平和・公平・安心・平等に暮らせる環境の確保こそ最大の安全保障である。そのために必要なのは豊かさに向かって確実に前進できる社会基盤の整備である。

第三章　中国の台頭、「大国化」をどう受け止めるのか　69

かつて「東亜の病夫」と蔑視された中国は、さまざまな曲折・模索を経ながらも、特定の国との同盟や従属の関係を持つことなく、社会主義の旗を下ろさず、「先富」論で発展の契機を作り、活気が生まれたらその活力で内陸・貧困地帯を掘り起こし「共同富裕」の実現を目指している。

　グローバル化とネットワークが発達し、ものごとが地球規模で展開する時代になり、世界第2位の経済大国としての力をつけた中国は「一帯一路」構想を提起した。ユーラシア大陸、さらにはアフリカをも巻き込んだインフラ整備を核とする共同発展を実現するなかに、自国の発展を見いだそうとする壮大なスケールの戦略である。中国の台頭を「脅威」としか見ることのできない冷戦思考の人間には、今の新しい時代の流れを読み取ることはできなかろう。

　日本はこの時代の大きな潮流をしっかりと捉え、一衣帯水の隣邦である中国との信頼関係を回復し、お互いの長所を活かしつつ、共に手を携えてアジア、さらには世界の発展のために貢献する道を開拓していく必要がある。そのためには中国の「大国化」を積極的に受け入れる精神を持つべきではなかろうか。

第四章　ジャカルタから見た日本とアジア共同体

ユスロン・イーザ・マヘンドラ（インドネシア大使・当時）

　まずは自己紹介から始めたい。私は、インドネシア共和国の駐日特命全権大使を務めている。もともと日本とは縁があり、筑波大学大学院社会科学研究科で国際政治経済学を学び、1998年に博士号を取得した。実をいうと学者になるつもりだったのだが、曲がった道に進み、インドネシアで国会議員になり、今は駐日大使をしている。最近では、それはそれで良かったのかな、と思っている。日本とインドネシアの友好のために尽力できるのだから。

　今回のテーマは、「アジアの未来、日本とインドネシアの関係と今後の展望」である。インドネシアとマレーシアとの関係に触れるが、アジア共同体の形成のために参考になるだろう。

インドネシアは急速に変化している

　インドネシアがどんなところか、紹介させていただく。大小様々の島から成り立っていて、島嶼数は1万3000を超える。首都ジャカルタがあるのがジャワ島。その東に位置するのが、観光地して知られるバリ島。ジャカルタは行ったことがないけれど、バリ島ならあるという日本人は多いかもしれない。

　地図を見てほしいのだが、インドネシアの西から東まで、

6400 キロメートルもある。ところが、首都ジャカルタから東京までの距離は 5770 キロメートルしかない。だから、インドネシア人は「日本は遠くない」と思っている。自国の最西端から最東端まで行くより近いのだから。

国土が横に長いので、同じ国なのに 3 通りの時差がある。国内で西時間・中部時間・東時間に分かれていて、それぞれ 1 時間の時差がある。日本の東京が夜の 11 時だとすると、西時間の首都ジャカルタは夜の 9 時であり、東時間のパプア州は日本時間と変わらない。

インドネシアには日本人口の約 2 倍、2 億 5000 万人以上が居住している。人口は急激に増加しており、毎年シンガポールの人口に匹敵する数で増えている。「毎年新しいシンガポールを作っている」という言い方がなされるぐらいだ。これから 30 年間は人口が増え続けると予測されているが、それ以後は日本同様に高齢化社会になってしまうと言われている。

高齢化社会が到来する前に、インドネシアは豊かな国にならなくてはいけない。貧乏な国のままだと、大変なことになる。医療費負担が増大するばかりだ。

実際には経済規模で見ると、日本の皆さんは意外に思わるかもしれないが、2012 年のデータでは、インドネシアは世界の中で 16 番目の GDP を持つ国である。比較的高い位置にいる。経済規模は 2030 年には世界で 7 番目、2040 年には 4 番目まで上昇すると予測されている。

ちなみに日本は、2020 年の時点で世界の 3 番目、2030 年で 4 番目、2040 年になるとインドネシアより下位になり、8 番目になるという予測だ。2020 年以降はずっと中国が世界第 1

位のGDP大国となり、アメリカは2位に転落する。しかし、2040年になると、インドが2位に上がってアメリカは3位に落ちてくる。2040年は、中国、インド、アメリカ、インドネシアの順になると予測されている（シティグループの調査による2011年のGDP予測。）

野村証券のデータでは、2014年、インドネシア総人口のうち、1500万人がミドルクラス（生活が豊かな中間層）であった。2009年の時点では500万人しか存在しなかった。東南アジアの国々では、ミドルクラスの数がダントツに多い。

1958年生まれの私自身を振り返ってみても、60年代はずっと貧乏だった。衣服がなく、破れたズボンを手縫いしながらはき続けていた。今では服が破れると、すぐ捨ててしまう。

要するに、今のインドネシアは、巨大な市場であり、労働力もあり、巨大な投資先だということだ。インドネシアの購買力も上昇している。

日本との深い関係

ここから何が言えるかというと、日本とインドネシアは、密な協力関係を維持していかなければいけないということだ。今後も両国の関係を深めていかなければならない。日本はインドネシアへの投資を今以上に活発にしてほしい。

日本はインドネシアを無視するわけにはいかない。中東から石油を日本に運ぶ通り道に、マラッカ海峡があるからだ。インドネシアは、日本からのODAの援助先である。インドネシアの何倍もの人口や国土面積を有する中国に対する援助額と、大きな差がない。一人当たりの援助額で比較すれば、インドネシ

第四章　ジャカルタから見た日本とアジア共同体　73

アの方がはるかに高額になる。

インドネシアと日本の関係は、現時点ではとても良好である。例えば、インドネシアの西ジャワ州にある3000ヘクタールもの港を、日本の援助で今後15年間かけて開発していくことが決まっている。

おかげさまで、日本とインドネシアはビザなしで入国できるようになった。これで交流も一層活発になるだろう。今まで以上に密な関係になるだろう。

とくに、エネルギー面で両国の関係が深まることは間違いない。インドネシアは熱帯地域でもあるため、食糧や再生可能エネルギーの分野で潜在的な発展力がある。他にはブラジルぐらいしか思い当たらない。大げさではなく、食料とエネルギーを支配すると、世界を支配することになるのではないか。

インドネシアは地熱を輸出していないが、再生可能エネルギーであるバイオマスやバイオディーゼルなどを輸出している。他にもパーム油の世界最大の生産国で50%近いシェアを占めており、中国にもインドにも輸出している。パーム油は食べ物としてだけでなく、バイオディーゼルを精製することができる。

バイオエタノールは、モラセスという砂糖を精製する過程で生まれる副産物から精製しているが、これは日本との共同事業だ。日本の再生可能エネルギー促進にもつながるだろう。

インドネシア側としては、食糧と再生可能なエネルギーの面で日本との協力関係を強化していくべきだ。

インドネシア人はアジアの中でも、もっとも心の温かい人たちがいる国だと私は思っている。半年ほど前の世論調査では、「日本が好き」と答えたインドネシア人は87%にも上っている。

インドネシアには、日本のソフトパワーがかなり進出している。自家用車はトヨタの車、家の冷房はパナソニックか日立、冷蔵庫も日本製——。生活の中に日本製のものがかなり入り込んでいる。日本製品のシェアは 16% にもなっている。

光も影もある両国間の歴史的関係

たしかに日本とインドネシアは歴史の問題も抱えている。日本では「日本がオランダの植民地支配からインドネシアを解放した」との見方があるが、インドネシアの教科書では次のように書いている（石井和子監訳『インドネシアの歴史　インドネシア高校歴史教科書』明石書店、2008 年）。

「（1942 年）10 日ほどの戦闘の後、在東インド（すなわちインドネシア）植民地軍は全面降伏し、オランダ人の一部はオーストラリアなどの近隣の連合国に逃亡した。以後、東インド全域は日本の軍政下に置かれた。」
「人々のあらゆる活動が、日本が敵と戦う上で必要なものを満たすために振り向けられたので、人民の苦しみは増す一方だった。労務者（romusya：強制労働）になった人たちは特に苦しんだ。多くの人が空腹と病気のために犠牲となった。」
「インドネシア民族は決意と自力で独立した民族となり、3 世紀と 3 年にわたり（それぞれオランダと日本の植民地支配）苦しめられてきた外国の支配から自由になった。」

しかし、歴史を一つの目で見てはいけない。人間は二つの目を持っているのだから、二つの目でしっかりと見なくてはいけ

第四章　ジャカルタから見た日本とアジア共同体　75

ない。歴史の中には光もあるし、陰もあるということ。陰の部分ばかり見て後ろ向きでいると、人間は進歩しないというのが、インドネシア人の基本的な考え方だ。両国の歴史には陰もあったものの、光も存在したのではないだろうか。光の部分を捉えて、前向きになるべきだと私は思っている。

　私の博士論文では、「インドネシアと東南アジアに関する日本の視野（八紘一宇パラダイム）」を取り上げた。地政学・経済学の観点から見ると、日本にとって、インドネシアや東南アジアは、「生命線」「生存圏」ではないかというのが私の立てた仮説だった。

「八紘一宇」は数千年前から存在する言葉で、1940年、当時の近衛文麿総理大臣が、日本国の政策基盤として唱えたものである。羅針盤には八方角あるけれど、どれも同じ一つの屋根の下にあるという意味だそうだ。東南アジアが一つのグループにまとまることなのだが、指導権は日本が持つべきだという考えで「大東亜共栄圏」という理念に結びついた。戦前の理念がどんなものであったのか、今は研究する人もおらず、誰も分かっていないのではないかと思っている。

　私なりに、これは良い理念ではないかと思い至った。評価されていないのは、それを実現する方法に問題があったからではないか。実際には大東亜戦争になってしまったのだから。——これは陰の部分だろう。だからといって、戦後「八紘一宇」というパラダイムを忘れてしまえばよいのだろうか？　私はまだ、この理念が存在しているのではないかと思っている。

　日本が戦争で負けたあと、国を再興するために、外貨も多くない中で、どのように経済を立て直していったのか。

76　第Ⅱ部　複合的目線で見るアジアの真実

日本はドイツやイタリアと第二次世界大戦で同盟を結んだの
だが、戦後はアメリカの傘下に入った。そして米ソ対立の冷戦
構造に入り、日本はアメリカ側、つまり資本主義陣営に仲間入
りした。アメリカの最大の課題は、冷戦下での共産主義国の拡
大阻止だった。このような、アメリカなりの「八紘一宇」は、
どう推し進められたのだろうか。

　アメリカは当初SEATO（東南アジア条約機構）という組織
を立ち上げた。にもかかわらず、SEATOに参加したのは東南
アジアではフィリピンとタイのみで、人気がなかった。

　そこでアメリカは、日本・東南アジアと三角形の経済協力を
提案した。それは、アメリカの資本提供と日本の技術力提供に
より、東南アジアを開発しようとするものだった。この枠組み
は上手くはたらき、SEATOに代わるものとして、アメリカ・
日本・東南アジアは一体となり、同時に共産主義化を食い止め
ることができた。アメリカ版八紘一宇としてはうまくいき、ア
メリカは一安心した。

　日本の経済発展は、雁行経済発展論によるものだった。雁が
飛び立てば、後から次々に飛び立っていく。日本が先頭に立っ
て、飛び立てばいいということだ。

　マレーシアのマハティール元首相が唱えた「東アジア経済圏
協議体（EAEC）」構想は、日本でも支持された。アジアの国
のいくつかは、日本がリーダーになってほしいと思っている。
「戦争中、日本は東南アジアの国々を支配し、迷惑をかけた。
だから日本に対するイメージは良くないだろう」と思い込んで
いる日本人は多いだろう。なるほどそれは陰の部分だが、光の
部分も存在する。日本が果たした光の部分の役割では、日本は

第四章　ジャカルタから見た日本とアジア共同体　77

十分リーダーになれるということだ。

アジアの共同体作りに日本がリーダーシップを

　インドネシアと日本は、心象的には強い結びつきがあった。インドネシアは 350 年間もオランダの植民地だった。戦争しても負けてばかりなので、インドネシア人は絶望してしまい、「これは運命だ」といったんは諦めた。アジアは、ヨーロッパ諸国の植民地になることが運命だと思い込むようになってしまった。

　ところが 1904 年に勃発した日露戦争では日本が勝ちロシアが負けた。この情報がもたらされ、インドネシア人は歓喜した。アジアの日本が、ロシアを破ったのだから。「アジアは弱くない」と思えるようになった。

　第二次世界大戦になり、今度は日本がインドネシアに入り込んでオランダに勝ち、オランダを追い出してしまった。

　ところで、第二次世界大戦で日本は一方的に悪者なのだろうか？

　日本軍によるパールハーバー奇襲で、日本とアメリカは開戦した。日本が東南アジアに進出するためには、背後にいるアメリカを警戒しなければいけない。そこで日本がパールハーバーを攻撃したという説がある。一方で、アメリカは第二次世界大戦に参加したかったのだが、その理由がない。アメリカが参戦する理由をつくるために、日本にパールハーバーを攻撃させるようアメリカが仕掛けたという見方も存在する。

　インドネシアでは、日本は、アジアを解放するために進出してきたと宣伝されていた。インドネシア人は、それを信じる人

たちも、信じない人たちも、半々だった。

さて「敵の敵は友」という言い方がある。インドネシアの敵はオランダ、オランダの敵は日本、ならば日本はインドネシアの友達ということになる。実際、インドネシアの日本軍は、まずスカルノを救出した。だからスカルノは日本寄りだった。彼は、日本と組んでオランダと戦えばいいという考え方だった。インドネシアでオランダは日本に負けたのだが、その日本も広島、長崎に原爆を落とされ、敗戦する。結果として、これらの流れがインドネシアを独立に導いていく。

ポツダム条約により、日本が占領した地域を連合軍に明け渡さなければいけなくなった。ところがそれに乗じて、再びオランダがインドネシアを植民地化しようとした。そこでスカルノを先頭にして独立戦争が起きる。この独立戦争に協力した人たちの中に日本人がいた。

前田 精 海軍少将は、オランダの独立を訴えていた。1945 年 8 月 17 日、のちに「独立記念日」となるこの日、スカルノは前田の家で独立宣言を書きあげた。

日本政府は前田精の孫を探して、インドネシア友好のためにインドネシアに派遣すれば大歓迎されるだろう。今からでも遅くない。前田精はインドネシアのヒーローであり、もし彼が存在しなかったのなら、インドネシアはかくも日本を好きにならなかっただろう。

独立宣言から 4 年後にようやくインドネシアの独立は認められるが、それまで続いた独立戦争（1945 ～ 49 年）の最中も、インドネシア祖国独立義勇軍（PETA）は日本軍の訓練を受けている。だから独立戦争で勝利できたという面もあり、インド

第四章　ジャカルタから見た日本とアジア共同体　79

ネシアはとても感謝している。

　戦時中まで日本にあった「隣組」[6]の制度は、インドネシアでも取り入れられ、今も存在している。婦人会も続いていおり、機能している。インドネシアは、日本との間で悪いこともあったけれど、そればかりを取り上げて、しこりを残してはいけない。

　日本がアジアのリーダーになれないのは、遠慮しすぎているからではないかと思うことがある。日本の文化そのものが、何事も遠慮がちなところがある。

「これはうちのバカな息子なんですが」という言い方もあるし、「これはつまらないものですが」というような言い方をよくする。１万円をあげたとしても、1000円ぐらいしかあげていない印象を他国の人には与えてしまう。

　かつて日本とアメリカの間には貿易摩擦が存在した。当時も日本はアメリカに遠慮してしまい、三木武夫・橋本龍太郎がアメリカのミッキー・カンター米通商代表部（USTR）代表と協議をした際も、日本はアジア版IMF「アジア通貨基金（AMF）」を提案したのに、アメリカに反対された結果、アジア５カ国に300億ドル以上の資金援助をする宮沢プランになってしまった。

　しかしながら、アジアの平和をアメリカ任せにしていてもいいのだろうか。もしアメリカが東アジアから撤退するとなったら、どうすればいいのか。——インドネシアと日本が防衛政策

6　隣組は、日本の昭和期において戦時体制の銃後を守る、国民生活の基盤の一つとなった官主導の隣保組織である。（Wikipediaより）

で協力していくしかないだろう。そうすれば、平和を維持していくためのバランスがとれるのではないかと、私は思っている。バランスをとることがキーワードだ。

インドネシア自身が果たすべき役割は、東アジア各国のバランスをとるための方策を提示することだ。さらに地理的・人口的に日本や中国やインド、オーストラリアが協力していくことによって、アジア地域の安定につながる。これは当然、アジアの共同体づくりにつながっていく。

インドネシアとマレーシアの関係が与える示唆

さて、アジア共同体作りに向けての最大のハードルは、日中韓の関係だろう。残念ながら、現状はうまくいっているとは思えない。——と言いつつも、私はインドネシア大使として、三国の関係に介入してはいけないことを心得ているつもりだ。

ただ、インドネシアも同じような問題を抱えているので、参考になると思う。それは、マレーシアとの関係だ。インドネシアとマレーシアは、1511 年まで一つの国だった。現在ではインドネシア人はインドネシア語で話し、マレーシア人はマレーシア語で話しているが、いまだに通訳なしに話をしても、通じ合うところがあるほどだ。

戦後、インドネシアのスカルノ大統領は、オランダだけでなくイギリスも敵に回してしまう。インドネシアは、オランダから独立したとき、人種的には異なるパプアもインドネシア領に組み入れた。マレーシアはイギリスの植民地のままだった。

1945 年、インドネシアが独立宣言を発した日の翌日の新聞に、「なぜマレーシアは取り残されたのか」という記事が載っ

第四章　ジャカルタから見た日本とアジア共同体　81

たことを覚えている。その後、インドネシアは兄、マレーシアは弟のような立場になり、マレーシアが57年にマラヤ連邦として独立し、81年にマハティールが首相になると「ルックイースト政策」が取られ、マレーシアがインドネシアを超えることを目標にしてきた。

隣国に住む兄弟なのに、仲はとても悪かった。喧嘩ばかりしてきた。私が国会議員を務めているときは防衛担当だったが、戦争までは行かなかったものの、双方の軍艦は互いに挑発し合っていた。両国関係は改善することもあれば、また緊張状態に入る、その繰り返しだった。

今後両国はどうすべきだろうか。まずは現状を認識することが必要だろう。インドネシア人がマレーシアシア人を嫌いであっても、常にマレーシアは存在している。もう見たくないと目を閉じても、マレーシアは隣にそのままある……。

ならば、永遠に喧嘩するんですか、永遠に嫌いですか、永遠に悪口ばかり言うんですか、と問われれば、どう答えるのだろうか。後ろ向きの関係のまま、これからも続けるのか否かということだ。

それよりも、マレーシアと Win-Win の関係になるべきでないか。これは日中韓でも同じことが言えるだろう。それぞれが、相手国の存在を認める。それがアジアの共同体形成に向けてのスタートになる。

最近のアジアの共同体形成の動きとして、TPP や RCEP があるが、今のところ、どうなるのかは分からない。すでにアジアの共同体として東南アジア諸国連合 ASEAN がある（東チモールだけが ASEAN に加盟していない）。

ASEAN は EU のように共同体を形成できるのか──。私が国会議員を務めていた 2007 年に ASEAN 共同体の発足を目指すセブ宣言が発案され、それに署名するかどうかが国会で議論された。私は署名する側に立ち、結局議会も賛成した。すると他の ASEAN の国々もセブ宣言にサインし、2015 年末には ASEAN 経済共同体が発足した。良かったと思った。

　それまでは、ASEAN は、単なる「お茶飲み会」と揶揄されていたのに、宣言によって本物の組織になることができた。ASEAN 諸国は、ひとつにまとまり、一つの船になった。その船を運転するのはインドネシアが一番いいのではと私は思っている。インドネシアの野心かもしれないが、これまでも実際に ASEAN を運航し、本部もジャカルタに位置している。

　ASEAN の今後の課題として、たとえば言語をひとつにするといった夢もある。各国でインドネシア語が通じるだろうから、インドネシア語を共通言語にしたらどうか、という提案もあるほどだ。

　お互いの国は、それぞれの問題を抱えている。協力し合うことで、お互いの足りないところを補えるだろう。

第四章　ジャカルタから見た日本とアジア共同体　83

第五章　南アジアから見たアジアの未来

モンテ・カセム（立命館アジア太平洋大学元学長、
現立命館大学サステイナビリティ学研究センター教授）

「アジア」を見る新しい三つの視点

「南アジアからみたアジアの未来」について語れとの依頼である。私としては、アジアを良くしていくためには、南アジアからだけではなく、他のアジアの地域とも協同して前進していかなければと思っている。というのも、地域ごとの拠点を大切にするのと同時に、昨日までの地域の境界線が、明日は水の中に流れてしまう恐れがあるということを常に考えていなければいけないからだ。情報革命等々で世界の距離が短くなり、同時に様々な大変容が起きているので影響が及ぶ可能性がある。知恵を結集しないと、これらの問題を解決することはできない。

その解決方法の一つが、今回取り上げたい「非伝統的な安全保障」である。

インドが、1947年に独立したとき、初代首相のネルーが、「強風がアジアに向かって吹いている。我々はそれに怯えてはならない」と言った。

その強風とは、数千年の文明を築き上げてきたのに、数百年にわたって植民下におかれ、やっと植民地時代から脱出したアジアにおいて、眠っていたものが起きあがったということだ。

急激な変化にともない、域内にも問題が生じるだろうし、域外のこれまで支配していた地域にも問題があるだろう。

この強風に対応するものとして「非伝統的な安全保障」という発想がある。以下3通りの視点から見ていこう。

一つはアジアの未来について、どのような重要な変化が起きるのかということだ。不安定な時代に突入したが、喜ばしいことを呼び寄せられないということではない。

二番目に、単一民族を前提に国民国家が強くなってきたが、「単一民族」自体が神話ではないかということだ。先日大阪の国立民族博物館で中国の民族衣装の展示を見た。中国は単一国家なのかと疑わざるを得ないほどの多様な民族衣装だった。中国人であれば、この民族文化のそれぞれのアイデンティティを持てるはずだ。

ところが我々はなぜ二つのアイデンティティを同時に持てないのだろう。いつも一つを選択しなければいけない。国籍もそうだ。私は疑問を感じている。ほんとうに我々が排他的ではない社会、多様性を受け入れる社会を目指すのなら、この根本的なところを見直さなければいけない。

三番目に思想として、創造性豊かな強い達成感を味わってほしい。南アジアの例、中国の例、私の母国スリランカの例を中心にして、戦後にあった具体的な例を紹介したいと思っている。

智性や新科学による非伝統的な安全保障

南アジアは、日本からすれば遠い国だった。戦前は近かった面もあったのに、戦後は様々な理由で遠ざかってしまった。遠ざかった国々が地政学的に重要になっている。その上で、人材

第五章　南アジアから見たアジアの未来　85

育成・社会開発の側面でも、東アジアや東南アジアと協同できる場面があるのではないかと思っている。

これらの国々と日本をつなげるものは何か——それは智性だと思う。智性によって創造性豊かな活動をし、協同できる場面を構築していかなければならない。これからは「智性の時代」だと考えたとき、アジアの貢献で期待されているのは、今世紀に誕生した新科学をどう実践していくかということだ。

新科学とは、地球上の生命を存続させるための科学であって、政治色は違っても、民族や言語が違っても、高い志をもって協同する共通の場面を作りあげていかなければならない。「非伝統的な安全保障」といったとき、多くの人は人間の安全保障を思い描く。そうではない。人間のみではなく、地球上に生きるすべての生命体の安全保障が大切だ。だからこそ、そのための新科学が誕生したのであり、アジアはどう新科学に貢献していくのかが重要なのである。

様々な人たちが、様々な角度から新科学に貢献していくだろう。模範的な例が様々な方面から数多く生まれ、それらを類型化し、ルール化し、立法化する中で、次の秩序が生まれてくる。

何よりも、思想を行動に移さない限り、知恵はついてこない。知識はつくかもしれないが、知恵をつけるためには、様々な体験や経験をして、時々は失敗するかもしれない。しかし、そこから這い上がってくる中で、知恵が生まれて来る。ぜひ行動に移してほしい。

巨視的な科学観：自立性を守る多様な生命体

不安定な日々が連続する時代というのは、どんな時代だろ

うか。ノーベル化学賞を 1995 年に受賞したパウル・クルッツェンは、気候・温度・地域の変化が安定していた時代が 1 万2000 年ほど続き、多様な生命が誕生し、成長したと語っている。

この安定した環境のもとで、人間の行動によって地球物理化学な変動を起こす時代、アントロポセン（「人新世」）が誕生した。ホロシーン（「完新世」）の次の時代、生態学の第四期をアントロポセンと名付けたのだ。人類の時代だ。

ただ、アントロポセンは、どちらかというと不安定を招く時代になってしまった。地球物理的・地球化学的に不安定を招いてしまっている。気候変動などの理由で、生物の多様性が失われ、多様な病気が発生するなど、様々な可能性がある。それに対しての備えがなくてはいけない。

こうした予測不能の事態に立ち向かう高い志をもってアジアが走り出さなければいけないと、私は思っている。産業革命以後の従来の形での欧米の先進国による備えは通用しないからだ。地球の生命を守るために、転換期を推し進めることがアジアの使命ではないか。

大英帝国の末期、チャーチル大統領は、次の帝国は「智性の帝国だ」と発言した。知性とは、理性と感性から成り立っている。とくに感性が大事だ。智性とは、知性だけではなく経験も加わったものである。

「智性の時代」に貢献するアジア像を考えるとき、ホロシーンからアントロポセンへ、人類のエポックに入ったときに誕生した「新科学」について詳述したい。

「新科学」とは、「サステイナビリティ・サイエンス（持続可能な社会の構築に向けた科学的取り組み）」である。2001 年、

第五章　南アジアから見たアジアの未来　87

国際科学会議（ICSU：International Council for Science）が、たいへん見通しが暗い地球の未来に対処するために提案した科学だ。

新科学は、今までの学問分野と違って、融合的・学際的・課題解決型の科学である。このシステム科学を中心にして、問題領域を描き、その問題の一つ一つを解決することで、その模範的な答えをみんなが智性として共有しようというものだ。

根底にある二つの法則

「サステイナビリティ・サイエンス」の根底には二つの法則がある。

第一の法則は、周知のように資源エネルギーは新たに誕生せず、なおかつ無くすこともできないというものである。これは地球上で成り立つ科学的な原則だが、宇宙でいえば、どこかで新しいものが誕生していないと宇宙そのものの存続が困難になる。

第二の法則は、宇宙でも成り立つ。物を放置すると劣化する。劣化すると、形態が変わる。形態が変わると、使えるエネルギーと使えないエネルギーとが発生する。これを「エントロピー」と言う。

たとえば「万里の長城」も、使わないと劣化する。1980年代、私が見に行ったときは、塀が欠けていたり、レンガが倒れていたりしていた。最近行くと、古いレンガをモルタルで補強して整備されている。

レンガが欠けてしまい、再び塀を作ろうと思ったら、エントロピー（乱雑さ）が高まった分、「＋α」をエネルギーとして

注入しなければいけない。この場合は新しいモルタルだと思っていたただければいい。

地球上においては、生命こそが、放っておくとエントロピーが高くなり、劣化する分子を、再び外部からのエネルギー（太陽熱や地熱など）を使ってまとめ直していく存在である。

生命を存続させるためには、地球資源やエネルギー資源も含めて、循環しなければいけない。循環を保障するために、どんな生命体も、ものを取り過ぎないようにしなければならない。それが「自立性」だ。人間の場合には、いわゆる「おばあちゃんの知恵袋」や慣習の中で自立性が伝えられている。

自立性を保障するのは何か。多様な生命体がいれば、どこかの生命体が王者になろうとしても、抑えていくことができる。多様性が自立性を保障し、自立性は循環性を保障する。この三つを統合して、生命の遺伝子情報で自分の後世代に伝えていた。ところがアントロポセンの変化のスピードが速く、逆に遺伝子情報の伝達のスピードは遅いので、遺伝子情報が釣り合わなくなった。だから、外部的な環境教育や立法、制度作りが大事になっている。このためにも自然科学者も、社会科学者も一緒になって、数多くの人たちと共に歩まなければいけない「智性の時代」になるだろう。

生命という現象は、瞬発的な現象ではなく、自己生存をして、持続し続けるものでなくてはいけない。アントロポセンの時代でいかに生命を守るのかという知恵こそが「非伝統的な安全保障」だと名付けたい。

現状では、気候変動対策には資金援助があるものの、生物の多様性のための予算は限られている。そこで、気候変動のため

第五章　南アジアから見たアジアの未来　89

の予算を流用して、生物多様性のために拠出するしかなかった。

気候変動で言えば、今は二酸化炭素濃度が400PPM程度だが、450PPMまで上昇すると、永遠に凍っているはずの氷が溶けだす危険がある。すると海流や気候が大幅に変わってしまう。

差別と偏見をなくす価値観の樹立

気候変動以前に、生物多様性の保全が緊急課題となっている。

地球上に循環している資源エネルギーのうち、人工肥料などの生産などにより窒素が循環されない危機的状態となっている。さらに酸素が減れば、人間は胸だけが大きくなってわずかな酸素を吸えるようになるか、熊のように冬眠するか、どちらかを選択しなければならなくなるだろう。

従来、経済学者は環境と経済は対立すると主張していたが、最近の経済学者は、環境というライフサポートシステムがあることによって人間社会が成り立ち、はじめて経済が成り立つと言い始めている。経済と自然環境の関係が重要視されはじめている。

ひとつのことを成し遂げようとすれば、多くの人たちの協力、協同なしにはできない。私がかつて学長を務めていた立命館アジア太平洋大学には、アジアの各地から学生が集まっていた。顔は似ているけれど、国籍は違う。国籍は同じだけれど、顔が違う。人間は、多様である。それなのに小さな箱に入れて、「おまえはこれだ」と枠に閉じ込め、結果分裂させてしまう。それが私には理解できない。立命館アジア太平洋大学のキャンパスにいると、その創造性、多様性を肌で感じることができる。これこそ、我々がこれから創出しなければいけない時

90　第Ⅱ部　複合的目線で見るアジアの真実

代ではないか、と思っていた。

　先日、国立民族博物館に学生を連れて行ったとき、世界の文字の多様性が掲示されていた。文字だけ見ても、世界の多様性がわかる。１万年近くある人間の歴史の中で、この喜びをなぜ味わおうとしないのだろうか。

　パソコンの主言語は英語であるので、少数民族の言語は消えていく。しかし私たちは多様な言語を守らなければいけない。各国の教育政策を見ても、それぞれの国の言語は大事にされていないではないかと感じる。共通言語として英語や日本語で話し合ってもいいのだが、母国語を大事にしなければいけない。

　言語だけでなく、多様性の喜びを味わう場つくりが大事だと考えている。多くの企業人は大学を役に立たないところだと思っているかもしれないが、多様性を実現する場として、未来を形成するためにも、大学はますます重要な場所になってくる。

自分の国を超えて物事を考える

　単一民族神話の「単一性」とは、自分と同じ価値観を求めるということだろう。

　しかしながら、インドのカルカッタで末端の路上生活者として苦しんでいる人たちを助けたのは、マケドニアで生まれたアルバニア系のマザー・テレサだった。彼女はインドの貧しい人たちを救い、ノーベル平和賞まで受賞した。

　同じように、自分の母国、南アフリカで「アパルトヘイト政策に対し疑問を持たないという宣言をすれば、刑務所から出してあげますよ」という申し出を、「私が自由になっても、数千万の人たちが暗闇の中にいる、それはおかしい」といって断っ

第五章　南アジアから見たアジアの未来　91

たのが、ネルソン・マンデラだった。そのため彼は27年間も刑務所にいた。

差別や偏見をなくし、それらを超えた行動をする——という世界の先輩方から教えてもらった価値観を、我々は大事にしなければいけない。差別や難民、貧困の問題など、世界には喜ばしくない事例もある。苦しいことも乗り越えていかなくとはいけない。これが私の主張であり、人間社会における「非伝統的な安全保障」の一側面である。

アジアの3巨人が残した大きな足跡

アジアでも、自分の国を超えて物事を考え、未来に向けての共同体形成に貢献した人たちがいる。

まだ中国は苦しい時代だった当時、周恩来首相は素晴らしい外交を推し進めた。

私が幼いころのスリランカでの経験なのだが、ご飯を食べ残すと、母親が「周恩来が怒るよ」と言っていた。子ども心に「周恩来とは、どんな怪物なのだろう」と思っていた。そこで「周恩来とは何ですか。恐竜ですか?」と聞くと、父親は「周恩来というのは、中国の首相をしている、とても偉い人ですよ。中国は人口が多くて、食べるものに苦しんでいる人たちが数多くいるのに、米が足りないわがスリランカに30年間、世界市場の価格より少し安い価格で米を売る約束をしてくれたんだよ」と説明してくれた。

当時は朝鮮戦争の最中で、欧米は大英帝国の旧植民地に対し、中国にはゴムを売るなと命じた。ところが、スリランカだけはこの命令に従わず、中国はスリランカから世界市場より少し高

い値段でゴムを買ってくれた。これが中国の外交だった。

　日本では中国を語るとき、中国が歩んで来た歴史を踏まえずに語ろうとする。今の出来事に対する感想しか述べない。もう少し長いスパンで見ていくべきだ。するとどんな社会にも素晴らしいものがあると分かる。その素晴らしものを浮かびあがらせるようなコメントをしてほしい。「問題だ」と指摘して騒ぐことは簡単なことだ。しかし、その犠牲は大きい。我々は知恵を結集して、周恩来の外交の精神から学ばなければいけない。

　いま中国は、アフリカを戦略的に支配しようと狙っていると非難されている。私がまだ幼いとき、中国はタンザニアに鉄道を敷設した。タンザニアは最初、かつてアフリカを植民地にしていたヨーロッパの旧宗主国に依頼をしたのに断られ、お金がなかった中国がインフラ作りをした。当然タンザニアの国民からは感謝された。

　中国は最近、AIIB（アジアインフラ投資銀行）を発足させた。かつて、タンザニアに鉄道を作り、スリランカに米を輸出したときの精神に立ち戻って、AIIBの事業を進めてほしいというのが私の願いである。現時点では、細かい点を見ても、当時の精神が見受けられない。すべてを中国の支配下におくとなれば、不安視する人々や国が出てくるだろう。

　中国は、すべての国を自国の支配下におくのではなく、共に問題に取り組むために大きな土俵、つまり共同体に上がる自信があることを示さなければいけない。

　共同体構築への自信を示したのがインドのグジュラールという人物で、外務大臣を務め、のちに短い期間だが首相も務めていた。このグジュラールのおかげで、南アジア地域協力連合

(SAARC) という大きな土俵が誕生する。周辺諸国はインドという大国に対して怯え、インド中心の共同体になったら、みんなインドに利益がとられてしまうのではないかと思われていた。今の AIIB に対する評価と変わらなかった。

グジュラールが、パキスタンをのぞいて（当時インドとパキスタンはとても険悪な関係だった）、インドが何かをもらったら、何かを返すという義務付けをなくした。大国こそ、多くの犠牲を払ってもいいのではないか。インドが大国ならば、多くのものを譲り、小国は義務を少なくして参画できるようにする。その理念のもとで、南アジア地域協力連合が誕生した。

わが母国スリランカにも、理性と鋭さとを併せ持った人がいた。ジャヤワルダナ元大統領だ。まだ彼が大蔵大臣だったとき、サンフランシスコ平和条約に参加した。西欧諸国の植民地支配から戦災復興を経て独立したスリランカが、資金を調達する目的で参加した。まだ船で移動する時代だったので、ジャヤワルダナは、サンフランシスコに行く前に日本に立ち寄って、吉田茂総理と話し合った。

サンフランシスコでは、日本が再び戦争を起こさないように、日本の国土を四つに分割することが提案された。ソ連、フランス、イギリス、アメリカが分けて支配すべきだという提案をソ連が出した。

しかし、日本が分裂してしまうと、戦前から蓄積されたアジアの知恵・社会的慣習・文化なども散立し、アジアが弱まるという心配があった。アジアには強い日本が必要だとジャヤワルダナは判断し、「日本が掲げた理想は、独立を目指していたアジアの国々から共感を得たことを忘れないでほしい」、「憎悪は、

94　第Ⅱ部　複合的目線で見るアジアの真実

憎悪によって止むことはない。慈愛によって止む」といった演説をおこなった。日本なんて分裂させた方がいいんだという憎しみの精神ではなく、愛情をもって日本とつきあうことが重要で、強い日本がアジアには不可欠だと彼は主張した。

戦後の日本が、アジアの新興国の発展にどのくらい貢献したか、新興国の人たちにも冷静に考えてほしい。たしかに第二次世界大戦では、疑問に感じる行動を起こしたものの、戦後の日本は、それとは違った国になったことを自覚してほしい。

日本の新しい貢献への期待

今の日本には問題もある。

海洋交通を示した地図を見てみると、東アジアに集中している。これは、貿易がさかんに行われていることを意味している。東アジアから中央アジアへは、「海のシルクロード」がつながっていた。このことに一番早く気が付いたのが中国だった。日本は、中国がアジアの各地域の港を支配しようとしていると非難しているが、実は日本にも港作りの話があったのに関心を示すことはなかった。これが一つ目の問題だ。そこで「シルクロードの復活」といって、中国が港作りに乗り出した。

スリランカ南部でも港を作る計画が持ち上がった。当初この計画は日本に持ち込まれたが、私が記憶している限りでは2000年に日本は採算が合わないという理由で断っている。日本はスリランカに対し最多額のODAを拠出していたのに、その利点を活用せず事業採算のみで判断した。経済的側面のみで判断してしまったわけだが、安全保障の面からすれば、投資が不可欠の場所だった。外交戦略が欠け、利益でしか物事をはか

第五章　南アジアから見たアジアの未来　95

ろうとしない思考は、日本の癌になっている。ぜひ若い人たちが外務省に入り、この発想を変えてほしい。

中国はスリランカの南部だけでなく、首都の近郊にも港を投資しようとしている。日本は今になって慌てはじめているが、もっと早く行動しなければいけなかった。

海の回路は、資源回路でもある。アフリカの鉱物資源や中東のエネルギー資源は、この回路がなければ運ぶことはできない。いま日本で論議している「シーレーン（海上交通路）問題」も関係してくる。日本国民が処理の方法を討議すべきで、内閣の解釈だけではいけない。国民が真剣に考えて、自分たちの声を、身の回りにいる議員にあげて、何らかの形にしてほしい。

二つ目の問題は、国際安全保障における日本の姿勢である。国連による安全保障体制を維持していくため、パキスタン・スリランカ・バングラデシュの兵士は、国連の青いヘルメットを被り現場に出兵してきた。しかし日本の兵士は派兵されることもなく、資金だけを出していた。

それでは、国際社会の尊敬を得ることはできないと思う。自国民の安全はまもられて、一方で金を与えれば、他国はどうなろうと構わないという日本の姿勢が問題視されている。

武器を持たないことか大事だと思うのなら、武器を持たないでどうすればいいのかを考えてほしい。真剣に考えてほしい。実際には真剣に考えられておらず、私は苛立ちを感じている。

2、3年前から日本の国民所得の過半数は、海外生産である。私が日本に来た43年前は12％に過ぎなかった。日本の大手企業で見ると、7〜8割は、海外から得られた利益である。トヨタも約6割の車が海外生産であり、味の素のような日本発の食

品会社も海外で7割ほどの利益を生んでいる。それもヨーロッパやアメリカではなく、新興国や発展途上国での利益発生率が年々高くなっている。とくにBRICSと呼ばれている国々の発生率は非常に高い。しかし、問題もある。

私が日本に来た43年前は、最貧層の人たちは最貧国にいた。2013年の笹川記念財団の調査によれば、最貧層が多いのは、最貧国ではなく新興国だという。これは、富を稼ぎ経済成長著しい国家は分裂する可能性があることを示している。日本のODAは戦略的・戦術的な対応はしていないことを指摘したい。人道的にしか考えていないことが弱みになっている。

私が立命館アジア太平洋大学にいたとき、留学生が企画を出して、マオリ系ニュージランド人の先生方が中心になって、日本と台湾と韓国と、中国の学生たちが一緒になり、当時問題となっていた竹島問題などについて議論をした。私も冒頭の挨拶を頼まれ、それだけで退出しても良かったのに、最後まで参加した。

学生たちが議論していたのは、歴史は共通していても認識を共有していないとき、歴史教材をどう作成すべきなのかというテーマだった。

午前中に各々が意見を出し合い、昼食後に議論し、相手の立場を尊重しながら解決策を提示する。彼らは解決策を一緒になって考え、認識を共有していないときは、両者の側面を伝えられるような共同の歴史教科書を作ったらどうだろうかという提案を導き出した。それを読む人が、どうすれば共存できるのか考えればいいという理由だった。これが18歳から20歳ぐらいの学生諸君の知恵だ。大人もこの発想を理解できるはずだが、

第五章　南アジアから見たアジアの未来　97

できないと思い込んでいるのだろう。

立命館アジア太平洋大学が位置する九州は、韓国との交友も深く、異人を受け入れる力は本州よりはるかに高い。韓国の歴史問題を研究している会が構成されていて、韓国から俳優さんが来たり、日本から韓国に訪問したり、交流の場がある。私も呼ばれて参加したことがあるが、九州と日本の本州とはこうも違うのか、日本国内でも排他的ではない場所があるのかと驚いた。なぜこれが日本の外交の主流にならないのか。主流になれば、アジアの中で日本が外交のイニシアチブをとることができると思う。

最後に、私の生き方にもなっている言葉で終わりにしたい。チャーチルの名言であり、ぜひとも心に刻んでいただきたい。

成功は終点ではない。
失敗は死ではない。
やり続ける勇気が何より大事。

第六章　日本を抜いた中国の科学技術

　　沖村憲樹（国立研究開発法人科学技術振興機構元理事長、現特別顧問）

　私は、16年前、文部科学省傘下の科学技術振興機構（JST）の理事長時代、共同研究協力協定締結のために初めて中国を訪問した。北京の中国科学院本部を訪問し、上海の科学院光学精密機械研究所を見学して、日本の将来のため、中国との科学技術協力強化は不可欠だと確信した。以来、16年間、日中科学技術交流のために様々なことに取り組んできた。

　中国の科学技術の現状について、全体を説明させて頂きたい。

急速に伸びる中国の大学の実力──巨大なグローバル化した最高水準の大学と膨大な大学生、大学院生

　中国には、世界最高水準のグローバル化した膨大な大学群があり、2004年には約2236校だったが、10年後の2015年には2879校になっている。大学生は、2000年は340万人だったが、15年には2625万人と急増。日本は、2000年247万人が、2015年は255万人と微増である。中国の大学院生は、2000年に30万人だったが、2015年191万人へと急増。中国の大学は、研究開発型の大学に変身しつつある。

　現在の大学進学率は40％。教育部は、2020年までに42％にまで増やす計画であるが、現状は計画を上回っている。中国の

図表1　急増する大学生と大学院生

現在の高等教育就学率は、40.0%（2015年）。2015年在学者数は 2625 万人。

	2000 年	2015 年
中国	大学生：340 万人 院生：30.1 万人	大学生：2625.3 万人 院生：191.1 万人
日本	大学生：247.2 万人 院生：20.5 万人	大学生：255.6 万人 院生：24.9 万人

注：中国の場合は、高等職業学校（専科）を除く普通高等教育機
　　関の在学者数である。
出典：「平成27年度学校基本調査」、「中国統計年鑑」2005 ～ 2015年
　　　「2015年全国教育事業発展統計公報」を基に作成。

大学生、大学院生は、今後も増えていくだろう。

　大学に対する投資額では、2003年時点では中国も日本もさほど変わらない額だったのが、2014年になると約3倍の開きになった。中国は大学重視政策をとっていて、膨大な投資をしている。その結果、中国の大学は、日本の大学より "リッチ"である。

　中国の大学は、学生数7万人といわれる吉林大学を筆頭に、数万人規模が大部分である。キャンパスは全寮制で、ホテルや食堂があり、鬱蒼とした緑の中に美しいキャンパスがある。

　学費・寮費・食費は安く、少ない生活費で学生生活を送ることが可能。日本の大学生はアルバイトが必要だが中国は、勉強に専念できる、素晴らしい環境になっている。

　中国は、大学に、集中選択投資をしている。1995年「211工程」では、2879校の中から116の大学が選ばれ、16年間で559億元を投資、世界レベルの大学を目指した。さらに、1998年、江沢民元主席が提唱した「985工程」では、39の大学を、

100　第Ⅱ部　複合的目線で見るアジアの真実

図表2　高等教育機関への投資拡大

	2003 年	2014 年
中国	8 兆円	25.5 兆円（内、国家財政分は約 18.1 兆円、71%）
日本	7.9 兆円	8.8 兆円

注：(1)中国の経費は、普通大学における国家財政投資と大学の収入を含む。
　　(2)日本の経費は国立、公立、私立（2013）の大学及び短大の合計となる。
出典：「文部科学統計要覧（平成 28 年版)」、「中国統計局国家統計データ」
　　　2005 ～ 2016 年を基に作成。

ハーバード大学・オックスフォード大学に並ぶ超一流大学にする目的で、13 年間 1119 億円を集中投資している。この巨大な投資の結果、これらの大学は、最先端の設備機器を備えた世界一流の研究開発型の大学になっている。

　さらに、2017 年、42 の一流大学、465 の一流学科（95 大学に存在）を選び、「二つの一流」政策を提唱、一層の投資をする予定である。

中国の躍進を支える留学生政策

　中国は、人材政策、人材のグローバル化政策が積極的で、2015 年段階では、年間 52 万 4000 人が海外に留学し、うち 40 万人が帰国している。海外で勉強して得た最先端の知識を中国で生かす循環が行われている。4 年で倍増ペースで急増しつつあり、世界中のトップ大学は、中国人留学生で溢れている。

　中国からの留学生は、どの国に留学しているか？

　留学先はアメリカが 1 位、日本が 2 位、以下オーストラリア、イギリス、韓国と続く。ただ、以前は、量、質、共に日本が 1

図表3　急増する海外留学生と留学帰国者

現在中国の海外留学生の合計は155万人を超え、日本は5万人。

	1990 年	2015 年
中国からの 海外留学生数	0.3 万人	52.4 万人
中国の 留学帰国者数	0.2 万人	40.9 万人

出典：「中国統計年鑑2015」及び教育部留学服務中心のデータを基に
作成。

位だった。今は最優秀の学生は欧米に行っている。さらに最近
は、優秀な人たちが、欧米に行かず、北京大学や清華大学の大
学院に進む傾向も出てきた。中国の大学が、内外の一流研究者
を招くとともに、最先端の研究施設をそろえ、大学院のレベル
が欧米以上になりつつあるからである。

　中国は、優秀な留学生を呼び戻す政策を「海亀政策」と呼ん
で、様々な優遇措置を講じている。大学だけでなく、企業や地
方政府、中央政府も優遇政策をとっている。このため最も優秀
な人たちが、欧米の最先端技術、システムを持ち帰り、急速な
中国の発展を支えている。

　アメリカに在住する博士号の取得者の数で比較してみると、
中国は全体の29％にもなっている。日本人は僅か2％である。
アメリカの研究社会は、多くのアジア人、特に中国人によって
支られえている。

　中国人は、アメリカだけではなく、ヨーロッパなど世界中で
活躍している。東京大学大学院でも、6〜7割は中国人という
研究室は多いと聞く。日本の研究社会も中国人に力を借りてい
る。

現在の中国の学長の経歴をみると、留学経験者が68％にもなっているが、日本は22％にすぎない。年齢は60歳以下が90％だが、日本は60歳以上が95％にもなっている。中国の学長は若くてグローバルである。日本の学長はドメスティックな老人が多い。

　中国は、世界中から留学生を呼び寄せる政策をとっている。このため、世界中から、特に東南アジアからの留学生が増えている。中国の大学は、学費と生活費が安く、勉学環境がよく、学生は真面目で優秀である。中国の将来性を考えると、留学生の増加は当然といえる。中国は、202国から39.8万人の留学生を受け入れ、急増しつつある。日本の受け入れ留学生総数は18.4万人である。

　2015年、1年以上の中国留学ビザを持つ各国の留学生の数の順位は、韓国が6万6672人で1位、米国が2万1975人で2位、続いてタイ、インド、ロシア、パキスタンで、日本は7位の1万4085人である。人口比で言えば、韓国は日本の約10倍の学生が中国に留学している。韓国は地政学的に厳しい位置にあり、多数の学生を中国に留学させるのは賢い選択だと思う。

中国の大学は世界一流大学とネットワーク

　中国の大学は、世界中の大学から注目されている。欧米の大学と共同大学を作っている大学が30、大学院が12ある。

　例えば、西安交通大学とイギリスのリヴァプール大学が提携して、西交リヴァプール大学が、武漢大学と米国のデューク大学が提携して、デューク昆山大学が創設された。寧波の郊外には、イギリスのノッティンガム大学の素晴らしいキャンパスが

ある。この卒業生の大部分はイギリスへ行き、オックスフォード大学やケンブリッジ大学に入っている。

日本でも上海や北京に事務所を構える大学は増えてきているが、共同大学、共同大学院はなく立命館大学が大連理工大学と共同で情報学部を作った一例のみである。日本は、中国の大学との本格的な連携が完全に遅れている。

中国の巨大な大学群は、世界中の大学、特に欧米の主要大学とのネットワークづくりができていて、共同大学、共同研究、共同活動を通じて、国際交流が益々深化しつつある。

中国の大学はイノベーションを牽引

中国の大学は、産学連携活動が活発で、中国のイノベーションを牽引している。

日本の大学は研究と教育が主目的で、かつては、企業に協力するのはけしからんというムードがあり、論文は評価されるが、特許は評価されなかった。中国では、大学設立は社会貢献・国家に尽くすことが主目的とされ、活動の形態が根本から違う。

2016年5月に第9回「日中大学フェア＆フォーラム」が北京で開催された。東京大学のみ副学長の出席だったが、他の旧帝大からはすべて学長が出席した。中国側からも主要な大学12校の学長が出席した。「世界の一流大学になるためにはどうすればいいのか」「日中大学協力をしていくためにはどうすればいいのか」といったテーマで議論が行われた。

中国の大学は、いかに国家や産業界、社会に貢献しているかの業績を述べた。いずれも凄い業績ばかりで、壮大なスケールの業績が次々と紹介された。一方、日本の大学の学長は、学問

の自由・真理の探究・学生の教育の在り方について議論しており、際立った違いがあった。

中国の大学は、サイエンスパーク、校弁企業、技術移転センター、インキュベータ施設と様々な付属施設を保有し、多数の特許を取得・保有して活発な産学連携活動を行っている。

主要94大学に、サイエンスパークがある。一番有名な清華大学ではキャンパス内に巨大なビルがあり、そこに世界中の超一流企業が研究室を持っている。企業の研究室は、大学と協同で研究活動を行い、教授や大学院、大学の学生と活発な交流を行っている。

中国の大学は、「校弁企業」を保有している。日本でも最近やっとベンチャーが大学内で作られるようになったが、大学保有企業は、極めて少ない。中国の校弁企業で有名な北京大学方正集団公司は、2兆2760億円もの売り上げを誇っている。清華大学の校弁企業が、1兆3600億円。この他、552校が5279の校弁企業を有している。活発な産学連携活動を行い、その収益は大学運営に還元されている。

日本の国立大学は、国からの交付金と学生からの納付金、病院収入がほとんどで、企業からの収入は極めて少ない。中国の大学は、国や省からの補助金のほかにも、企業からの収入、大学の事業収入などがあり、大学の収入源は多様化していて、財政的にも豊かになっている。

世界での日中の大学の評価はどうなのか？　世界の大学ランキングでみると、2004年段階では世界200位の中に中国が5校、日本が11校だったのが、今は逆転し、中国の大学が12校、日本が8校ランクインしている。

図表4　世界ランキングでのシェア拡大

中国の大学（香港を含む）

1	清華大学（25位）
2	香港科技大学（28位）
3	香港大学（30位）
4	北京大学（41位）
5	香港中文大学（51位）
5	復旦大学（51位）
7	香港城市大学（57位）
8	上海交通大学（70位）
9	浙江大学（110位）
10	中国科技大学（113位）
11	香港理工大学（116位）
12	南京大学（130位）

日本の大学

1	京都大学（38位）
2	東京大学（39位）
3	東京工業大学（56位）
4	大阪大学（58位）
5	東北大学（74位）
6	名古屋大学（120位）
7	北海道大学（139位）
8	九州大学（142位）

	2004年	2015年
中国	5校	12校
日本	11校	8校

出典：QSWorld University Ranking 2015-2016

中国の大学のレベルが日本を上回り、この差は急速に開いている。

中国の急成長を牽引するハイテクパーク政策

中国の経済が急速に進んでいる理由の一つは、「ハイテクパーク」政策だと思う。重要な国家政策として、中国科学技術部のタイマツセンターが推進している。

典型的なハイテクパーク「国家ハイテク産業開発区」は全国に114カ所あり、入居企業は7万1180社、従業員が1460万人、総生産高が186兆円にものぼる。パークの成長率は15.3％にものぼる。

最近の中国の成長率は6％台であるが、ハイテクパークの成長率はそれよりはるかに高い。ハイテク企業集団が高度成長を引っ張っている。そして大学のハイテクパーク、バイオ専門の

図表5　世界に類を見ないハイテクパーク政策

(1)国家ハイテクパーク（2013 年：10 種類、842 箇所）

ハイテクパークの名称	パーク数及び総生産額
①国家ハイテク産業開発区	114 カ所、入居企業 71180 社、従業員 1460.1 万人、総生産高 186.3 兆円、年成長率 15.3%
②国家大学サイエンスパーク	94 カ所、7792 億円
③国家バイオ産業基地	22 カ所
④国家イノベーションパーク	3 カ所
⑤中外共同運営国家ハイテクパーク	7 カ所
⑥国家特色産業基地	342 カ所、228 兆円
⑦国家ソフトウェアパーク	41 カ所、60 兆円
⑧国家インキュベータ	198 カ所、11.3 兆円
⑨国家帰国留学人員創業パーク	21 カ所
⑩国家知的財産実証パーク	27 カ所

(2)地方政府・自治体等のハイテクパークの数は 2000 以上。

出典：中国科学技術部タイマツハイテク産業開発センター（2013 統計手冊）、総生産額は購買力平価による換算。

ハイテクパーク等々、中国科学技術部が所管している 10 種類、842 の国家公認のハイテクパークが存在する。他にも、地方政府のハイテクパークは 2000 以上あると言われている。ハイテクパークは、インフラの整備された広大な敷地が割り当てられ、税制、補助金を始め、多様な優遇措置がとられ、中央政府、州政府等が積極的にサポートしている。

米国に並びつつある国家ビッグプロジェクト

「ビッグプロジェクト」には、その国の総合的な科学技術力が要求される。

原子力発電についても、中国は現在 17 基が稼働中である。
我が国は、3.11 の地震後にすべての原子炉が止められ、現在
稼働しているのは 5 基にすぎない。中国は着々と増設を進め、
国際原子力機構（IAEA）への登録によると、2030 年になると、
200 基の原子力発電所が稼働し、2 億キロワットの発電量を生
み出す世界一の原発大国となる。2060 年までには 750 基の原
子力発電所が設置される予定である。

　原子力開発では、中国は当初ロシア（旧ソ連）の技術を導入
してきた。その後、アメリカとフランスの世界最高水準の原子
力発電炉を建設し、それを元に国産化比率を高め、自主技術に
よる最先端原子炉「華龍」（150 万キロワット）を開発し、年
間 6 基程度を建設し、輸出を計画している。

　原子力技術では、プルトニウム燃料を利用する核燃料サイク
ルを完成させるために、再処理技術と高速増殖炉が必要である
が、日本では周知のとおり、高速増殖炉もんじゅが廃炉となっ
た。既にフランスも高速増殖炉フェニックスの開発を中止して
おり、中国は、プルトニウム利用核燃料サイクル政策をきちん
と仕上げる世界最初の国になるだろうと、私は思っている。

　中国は、高速増殖炉のほか、高温ガス炉・溶融塩炉・進行波
炉など長期的観点からの新型原子炉開発を進め、核融合につい
ても ITER（国際熱核融合実験炉）計画に参加し着々と実行し
ている。これを推進する体制が桁違いに大きく、行政的には、
工業情報化部中国国家原子力能機構という組織が総合政策を立
てている。その下に遂行のための企業集団が数 10 万人いると
言われている。さらにその周辺に、発電、設計、製作を担当す
る総合的なメーカー群がある。

108　第Ⅱ部　複合的目線で見るアジアの真実

科学研究院という巨大な組織が研究を統率し、清華大学、北京大学など44の大学が研究と人材供給を担って、原子力研究分野で1万人の学生がいると言われている。ちなみに東京大学は原子力工学科を廃止し、京都大学など一部大学にはまだ残っているが、中国との差は埋めようがない。

日本をはるかに凌ぐ宇宙・海洋・IT開発

宇宙開発については、毛沢東の時代から「二弾一星」といって、原爆・水爆・人工衛星を実現するという強力な政策が存在し、国家の最優先事項になっている。その努力の結果、中国の宇宙開発は今やロシアを抜き、アメリカに次ぐ第2位になったと思っている。

打ち上げロケットでは「長征」というシリーズがあり、2016年11月に「長征5号」という静止衛星を打ち上げた。打ち上げ能力13.5トン、世界最大級の高性能ロケットである。

日本は、年間3機程度のロケットを上げているが、中国は20〜30機を打ち上げ、技術を確実なものにした。打ち上げ成功率は95％であり、欧米並みである。

測地衛星についても、米国はGPS、ロシアはグロナス、ヨーロッパはガリレオ、中国は北斗という独自システムを保有している。日本は独自システムは有さず、アメリカのGPSを利用して4機の準天頂衛星で補っていく政策である。中国の北斗は現在までに23機が打ち上げ済み、2020年に35機で完成する予定。8兆円の測地衛星産業育成策が進行中である。発展途上国、一帯一路沿岸国に提供予定。

宇宙科学分野についても、日本は遥かに及ばず、中国はアメ

第六章　日本を抜いた中国の科学技術　109

リカに次ぐ能力を有している。

　月面探査衛星では、「嫦娥」システムで月面へ軟着陸し、「玉兎号」というロボットが月面調査中である。今後、有人着陸、月面での有人基地設置を目指し、長期計画を進めている。

　アメリカ同様、火星探査についても計画が進行中である。日本には具体的計画はない。有人宇宙活動については、中国は、宇宙船「神舟」で何度も実行している。神舟から「天宮」という無人の実験衛星にドッキングをして乗り移った宇宙飛行士が、宇宙ステーションの技術を身につけている。2020年には中国独自の宇宙ステーションを完成させる予定である。ちなみに、アメリカ・日本・ロシア・ヨーロッパが共同で運営中の国際宇宙ステーションは2020年に役割が終了する予定で、その同年に中国の宇宙ステーションがスタートする。

　海洋政策は、海洋進出を重視する中国では、最重要政策となっている。

　1964年、国家海洋局が設立され、2010年「国家海洋事業発展計画」が制定され、総合的海洋開発を推進中。着々と調査船やステーションを整備中。少し前までは日本の「しんかい6500」が世界最深の有人調査船だったが、つい最近中国の「蛟竜号」に抜かれ、さらに1万1000メートルまで潜ることのできる調査船「張塞号」が開発中である。

　スーパーコンピュータは、かつて、日本の理研の「京」がトップだったのが、ここ数年は中国の「天河」がトップであった。2016年には中国の「神威太瑚光」がトップに立った。これまではインテル製のチップが使われていたが、中国国産のチップを使用。同時に中国国内のスパコンの設置台数が世界の

110　第Ⅱ部　複合的目線で見るアジアの真実

図表6　中国の宇宙探査計画

▶月探査計画：
　＊第1フェーズ（2013年）：
　「嫦娥3号（玉兎号）」：月面軟着陸、多彩な成果を取得。
　・月の水分「極端に少ない」と発見
　・月表面の地層調査で25億年前まで活発な火山活動
　・月からの画像データ18万7000枚／地球の画像データ1300枚

　＊第2フェーズ（2015-2025年）：有人着陸
　「嫦娥5号」（2018年打ち上げ予定）
　・月面で2キロのサンプルを採取して地球に持ち帰る
　・月の起源、衝突の状況、マグマオーシャン等の調査
　・「周回」「着陸」「帰還」の技術確立

　「嫦娥4号」（2018年打ち上げ予定）
　・嫦娥3号の予備機
　・月の裏側に着陸　低周波天文観測、地質調査など
　・通信機能確立のため、月・地球系第2ラグランジュ点（EML-2）にデー
　　タ中継衛星を配置

　＊第3フェーズ（2025-2030年）：月面有人基地設置

▶火星探査
　＊2020年に火星探査機打ち上げ予定
　＊2021年に火星到達
　＊火星探査では「周回」「着陸」「探査」を同時に実現
　＊2050年有人火星探査

▶有人宇宙船「神舟」：
　＊2003年10月から、「神舟」5号、6号、7号、9号、10号には合
　　計12名が乗船→船外活動が実現

▶宇宙ステーション：
　＊2010年には、無人宇宙実験室「天宮1号」を打ち上げ、宇宙ステー
　　ションを構築
　＊2012年には、「神舟」9号（3名宇宙飛行士）は、「天宮1号」にドッ
　　キングに成功
　＊2013年には、「神舟10号」（3名宇宙飛行士）は宇宙授業
　＊2016年には、「神舟11号」「天宮2号」と有人ドッキング
　＊2020年、宇宙ステーションを完成予定

図表7　科学技術インフラ

①世界1位のスパコン
▶ 2010年「天河1A」（中国国防科学技術大学開発）は初めて世界一。（2011年、2012年、理研の「京」は世界一）
▶ 2013「天河2号」が6回連続でトップ。
▶ 2016「神威太湖之光（Sunway TaihuLight)」世界一
　⇒国家並列計算機工学技術研究センターが開発し、100％中国国産チップ使用
▶中国のスパコン設置台数：167台（世界1位）
・1位：中国167台
・2位：米国165台
・3位：日本33台
出典：スパコン「TOP500」ランキング2016

②次世代DNAシークエンサー
▶深センBGIは世界最大のセンター：167台（世界1位）

中国	中国科学院北京ゲノム研究所：30台 **深セン北京ゲノム研究所：164台**
米国	ブロード研究所：約60台 ワシントン大学：約50台
欧州	ウェルカム・トラスト・サンガー研究所：約40台
日本	理化学研究所：14台

出典：「中国の科学技術力について」を基に作成。

トップになった。軍事技術、研究機関、大学の研究施設等でスパコンを必要とするニーズが高まったことを示している。

　DNAシークエンサー（遺伝子の分析装置）でも、設置、利用台数で中国はトップになっている。

豊富な研究開発投資、研究人材

　中国では研究開発への投資額が急増し、日本の約2倍になっている。研究開発費は4年で倍になった。研究開発人材は、中国が世界一であり、日本は3位である（図表8）。

　中国の研究論文数は、日本の倍以上になった。論文の質を示す、他論文への引用比率でも、中国は日本の3倍になり、中国の論文の質が日本より向上したことを示している。

　さらに、26の学問分野での引用率トップ10論文のうちで占める数が、長年米国が全分野でトップを占めていたのが、中国は2015年2分野、2016年5分野で1位となった。基礎研究分野での中国の実力が急速に向上していることを示している。

　中国は特許も増えている。海外特許はまだ少ないが、国内特許はもの凄い勢いで増え、世界第1位、日本の約4倍となって急増を続けている。イノベーション政策で最も重要な知財政策で、日本は全く遅れていることを示している。

　鉱工業製品は、中国がダントツの世界最大生産国かつ最大輸出国になっている。その中でハイテク製品の輸出の割合を見ると、トップ3は中国、アメリカ、ドイツと続いている。日本はかつてはトップだったが、今は4位である（図表9）。

　ハイテクの中でもさらにハイテクな分野である航空宇宙技術においては、日本も中国も立ち遅れている。しかし中国は自主技術でARJ21（75〜96人乗り）を商用化、C919（150人乗り）は受注600機と航空機産業を発展させている。

　医薬品もハイテクの分野だが、日中の進歩は欧米にははるかに劣る。しかし中国においてバイオサイエンスは国家戦略の要としており、生物サイエンスパークを建設する等、バイオサイ

第六章　日本を抜いた中国の科学技術　113

図表8　中国の研究開発

（1）研究開発費総額

中国は年平均20％あまり、4年で倍増のスピードで増加
米国に次ぎ世界2位

	2000 年	2013 年
中国	5.1 兆円	35 兆円
日本	16.3 兆円	18.1 兆円

出典：文部科学省「科学技術要覧 平成 27 年版」（購買力平価換算）

（2）研究開発人材

2013 年、148.4 万人で世界1位、2位は米国、日本は3位

	2000 年	2013 年
中国	69.5 万人	148.4 万人
日本	76.2 万人	84.2 万人

出典：文部科学省「科学技術要覧 平成 27 年版」

エンス分野には力を入れている。

「科学技術立国」は、国家の最重要政策

　中国は、なぜこのような著しい成果を生み出してきたのか。
これは私の私見であるが、中国では一貫して、科学技術政策が
最重要政策とされてきたからであろう。1949 年に毛沢東が政
権をとり、まず中国科学院を創設している。政権が変わっって
もこの政策は変わらなかった。

　中国には第二次世界大戦終結までの屈辱の 100 年の歴史があ
り、この敗因は軍事技術と科学技術が劣っていたせいだと考え
られていた。これを克服するため、科学技術政策を最重要政策
とするのが、中国政府の一貫した態度だった。

図表9　ハイテク製品の輸出

▶ハイテク製品の輸出は、米国を超え世界1位、日本は4位

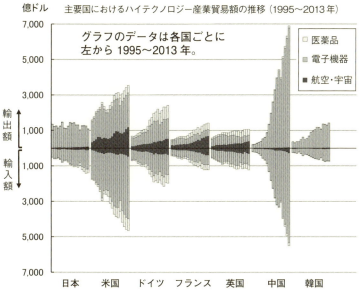

出典：科学技術・学術政策研究所　科学技術指標2015

　毛沢東政権は、成立当初から膨大な科学技術計画を立てている。現在第13次5カ年計画が遂行中だが、日本はまだ第5次5カ年計画しか立てていない。中国は、1949年以来一貫して科学技術計画を実行するため、膨大な組織を育てている。中国では科学技術行政に携わっている人たちの殆どが理工系の出身者だ。

　国家財政支出をみると、日本は教育と科学技術を合わせて国家財政比率は5.7％である。中国は、教育が15％、科学技術が3％、計18％になり、日本の3倍以上になる。

第六章　日本を抜いた中国の科学技術　115

平成 24（2012）年度は、中国の科学技術歳出は、15.7 兆円、日本は 3.5 兆円、日本の 4.5 倍にもなっている。日本が科学技術費に予算を割けない理由は明らかで、社会保障費に 31.8%、国債に 24.3% も予算を割いている。この二つだけで、国家財政の 56% を超えている。なお、中国は、社会保障費 11%、国債費はなく、軍備費は 5%（日本と同じ）。

中国には「科学技術進歩法」という法律があり、第 59 条には「国が科学技術の経費に投入する財政資金の増加額は、国家財政における経常収入の増加幅を超える」とある。国家財政の増加率より科学技術費を増やしていかなければいけないという、中国政府の不退転の決意を示している。

世界のシンクタンクの 2050 年の各国の GDP の予測を見ると、主要シンクタンクは、中国が世界 1 位で、日本は中国の 4 分の 1 乃至 12 分の 1 程度の規模になると予測している。両国の科学技術教育予算は圧倒的に差が開き、日本は中国から見ると数十分の 1 で、取るに足らない国に成り下がる。

「メイド・イン・チャイナ 2025」という最近の中国の科学技術計画がある。ドイツの国家プロジェクト「インダストリー4.0」同様、情報化と工業化を総合したトータルな製造システム、ハイレベルなイノベーションシステムの構築を目指しており、この資金力により着実に実行されていくだろう（図表 10）。

中国科学技術を推進する多様な巨大行政機構

中国の科学技術行政は、国務院が強力な調整力を発揮して、科学技術部・工業信息部等関係省庁が一丸となって実行している。

図表 10 「メイド・イン・チャイナ 2025」(「中国製造 2025」)

国務院は 2015 年 5 月「メイド・イン・チャイナ 2025」発表。イノベーション能力の向上や情報化と工業化の高度な融合の推進を目標。
①製造業のイノベーション能力の向上
②情報化と工業化の高度な融合の推進
③工業の基礎能力の強化
④品質とブランドの強化
⑤グリーン（環境保全型）製造の全面的推進
⑥十大重点分野の飛躍的発展の推進（次世代情報技術、高度なデジタル制御の工作機械とロボット、航空・宇宙設備、海洋エンジニアリング設備とハイテク船舶、先進的な軌道交通設備、省エネ・新エネ車、電力設備、農業機械、新材料、生物薬品・高性能医療機器）
⑦製造業の構造調整の推進
⑧サービス型製造と生産関連サービス業の推進
⑨製造業の国際化レベルの向上

　科学技術部は、中国の科学技術行政の中心となっている巨大な強力な組織で、各省調整・産学連携・国際協力等を行い、全国各省の科学技術関係組織の要となっている。日本には、この組織はない。

　さらに日本にない組織に、国務院直属の科学技術協会がある。トップは大臣クラス、中国全省に支部協会があり、下部組織は 7000、1000 万人の会員を有し、豊富な資金で、学会のケア、科学館事業、科学技術普及啓発事業等広範な事業を実施している。

　中国科学院は、世界最大の研究機関である。12 の分院と 104 の研究所、科学技術大学と中国科学院大学、上海科学技術大学、21 の子会社を保有し、職員の合計は 12 万人にもなる。これは理研（3560 人）の数十倍である。

第六章　日本を抜いた中国の科学技術　117

図表 11　公的研究機関

- ▶公的研究機関数：3651（中央 711、地方 2940）
  ⇒大学、民間研究機関等を含めると 4.5 万機関
  （日本：公的研究機関 486、大学・民間等合計 1.9 万機関）
- ▶公的研究機関研究者数：40.1 万人（日本：4.2 万人）
- ▶公的研究機関総予算（購買力平価）：
  5.3 兆円（政府予算 4.4 兆円、企業とその他：0.9 兆円）
  （日本：1.4 兆円）

―― 中国科学技術行政機構の特色 ――
1．国務院が中心となって、政府一丸強力に調整推進。
2．強力な科学技術部が存在。
3．国務院と中国科学院等巨大な研究機関、シンクタンクが存在。
4．膨大な地方組織があり、国をあげて、科学技術行政を推進。

　中国科学院は 1 兆円の予算があり、多数の最優秀論文、特許を産出、世界トップレベルである。企業や大学への人材の供給源になっている。産業界や地方自治体と具体的なプロジェクトに協同で取り組み、中国のイノベーションの牽引役となっている。

　世界の主要なシンクタンクは、中国経済が世界一になることを予測している。中国の、科学技術・教育重視の財務体質や諸制度から考えると、将来的にも、世界を席巻する研究開発・教育投資が行われ続けると予想される。

日中の科学技術交流、アジアとの科学技術交流の推進を

　日本の将来のためには、グローバル化を図ることにより、より一層イノベーションを推進することが不可欠である。特に、

図表 12　2050 年、中国経済は世界一に（主要シンクタンク予測）

世界機関の GDP 予測（2050 年）（単位：10 億ドル）

順位	21世紀政策研究所（日本）		HSBC（英国）		PwC（英国）		シティグループ（米国）		ゴールドマン・サックス（米国）	
	国	2050 GDP	国	2050 GDP	国	2050 GDP	国	2050 GDP	国	2050 GDP
1	中国	24497	中国	25334	中国	59475	中国	205321	中国	70700
2	アメリカ	24004	アメリカ	22270	インド	43180	インド	180490	アメリカ	38500
3	インド	14406	インド	8165	アメリカ	37876	アメリカ	83805	インド	37700
4	日本	4057	日本	6429	ブラジル	9762	インドネシア	45901	ブラジル	11400
5	ブラジル	3841	ドイツ	3714	日本	7664	ナイジェリア	42437	メキシコ	9300
6	ロシア	3466	イギリス	3576	ロシア	7559	ブラジル	33199	ロシア	8600
7	イギリス	3229	ブラジル	2960	メキシコ	6682	ロシア	19697	インドネシア	7000
8	ドイツ	3080	メキシコ	2810	インドネシア	6205	日本	16394	日本	6700
9	フランス	3022	フランス	2750	ドイツ	5707	フィリピン	14738	イギリス	5100
10	インドネシア	2,687	カナダ	2,287	イギリス	5,628	イギリス	13,846	ドイツ	5,000

出典：世界ランキング統計局公表資料を基に作成

長期にわたり確実に発展し、巨大な超先進国となる中国との交流は不可欠である。

　科学技術振興機構（JST）では 12 年前から中国総合研究交流センターを設立し、研究交流・大学交流を推進してきた。

　さらに JST では 4 年前から、アジア青少年招聘事業（さくらサイエンスプラン）を実施し、中国を含むアジアとの交流、グローバル化を推進してきた。これまで、アジア 35 カ国、600 の大学、研究機関等から 1 万 7000 人の青少年を、我が国の約

図表 13　JST は相互理解を促進するため、日本語と中国語のポータルサイトを構築

"Science Portal China"（SPC）：
日本最大の中国科学技術教育関連ポータルサイト、月 100 万以上のアクセス
spc.jst.go.jp

"客観日本"：
日本の科学技術、教育、社会、経済などを紹介する中国語ポータルサイト、月 300 万以上のアクセス
www.keguanjp.com

300 の大学・研究機関・高校等に招聘している。これら機関では、その後、アジア諸国と相互訪問・共同研究の実施・機関間協定の締結・留学生の増加とつながり、交流が活発化している。

このうち中国からの招聘は約 35％を占めている。2017 年 7 月 3 日に来日した万鋼中国科学技術部長は、さくらサイエンスプランを高く評価し、対応して「中日青少年交流事業」を立ち上げ、毎年数百人の日本人青少年を招聘する旨を表明し、すでに実行に移している。

さくらサイエンスで来日した青少年は、さくらサイエンスクラブに入会して OB 会を組織し、各国で、情報交換、同窓会の開催を行っている。将来、数十万人のさくらサイエンスクラブ会員が、日本の友となることを夢見ている。

第七章　日台関係の構造変化を探る

岡田充（共同通信客員論説委員）

　日本の西端に位置する沖縄の与那国島から、気象条件がよいと台湾が見える（写真1）。台湾東海岸の花蓮まで約110キロ。台湾は日本の西端で最も近い「外国」である。50年間に及ぶ日本の植民地支配を経た台湾は、戦後の冷戦構造の下で「反共防波堤」として、中国に対峙する最前線の役割を担った。冷戦後は李登輝氏が進める民主化・台湾化政策によって国民党の一党支配は崩壊し、選挙による政権交代が続いている。中国との経済相互依存関係が深まる一方、中国の大国化は統一すれば共産党の強権支配が及ぶという不安感を生み、統一でも独立でもない「現状維持」が主流民意になっている。

　中国大陸との分断統治から2019年に70年を迎える。台湾の底流で途絶えることのない独立の主張は、中国脅威論を振りまく安倍政権と共振している。日本と台湾双方で親近感を抱く人が多いのはいいことだ。しかしそれが「嫌中」の裏返しの政治的表現だとするなら肯けない。

　より深刻なのは、親近感の隙間をついて植民地支配を正当化する言論が、台湾独立の主張と共鳴していることにある。それは一部右翼の言論ではなく、安倍晋三首相の旧来からの歴史・政治観でもある。台湾植民地支配の歴史を概観しながら、戦後

写真1 与那国島西崎灯台にあるタイル画 遠方の山並みが台湾

の日台関係の構造的変化に光を当てたい。

台湾植民地化の狙いと統治

　日本の台湾植民地支配は1895年4月、日清戦争で清国に勝ち「下関条約」（馬関条約ともいう）で割譲させたことに始まる。それから1945年の敗戦まで50年間、台湾植民地支配が続いた。では1868年の明治政府誕生以来、「富国強兵」の近代化政策の下で、いつから台湾領有を目指すようになったのか、また近代化にとって台湾領有はどんな意味を持っていたのだろうか。その検討から始めよう。

①領土拡張と画定で「一流国」目指す

　近代日本で、台湾領有を主張したのはいったいいつ誰だったのか。長州藩の下級藩士、吉田松陰は1854年「幽囚録」で、「北は北海道からカムチャツカ、オホーツクを奪い、満州を分

割し南は琉球の日本領有、李氏朝鮮を属国化し、台湾、ルソン諸島の領有」と主張した。当時は、近代国家のスタートに当たり国際法上の主権と領土・領域の画定を急ぐ必要があった。欧米列強に伍して領土を拡張するのは当然のこととされていたから、「富国強兵」政策の下で、日本の周辺地域を植民地化する考え方は肯定されていた。植民地化政策は、「世界の一流国」の仲間入りするための第一歩だったのである。しかし、だからといって現在、植民地支配の歴史を正当化することは許されない。

写真2　日本軍が建てた「牡丹社事件」の記念碑

　松陰が主宰した「松下村塾」には伊藤博文、山縣有朋ら明治政府の主要指導者がいたから、松陰の考え方は明治政府指導者に影響を与えたと考えられる。松陰の対外思想は、明治政府による琉球併合（1879年）や日清戦争（1894～95年）を通じ、日本の帝国主義的拡張政策として実現されることになる。

　領土拡張に対する明治政府の認識は、征韓論（1873年）や「牡丹社事件」[7]（写真2：日本軍が建てた記念碑）に表れている。

7　「牡丹社事件」：1871年、台湾に漂着した琉球（宮古島）島民54人が、先住民に殺害された事件について、明治政府は1874年「犯罪捜査」を名目に約6000名の日本軍を初めて海外に派兵した。パイワン族の先住民が「牡丹社」と名乗ったことからこの名がついた。

牡丹社事件は近代日本初の海外出兵だった。この背景には、明治政府が1872年、琉球王国を「琉球藩」として日本に併合したことを、清朝に認めさせる狙いがあった。

その証拠として1875年、琉球に対して清との冊封・朝貢関係の廃止と明治年号の使用を命じ、4年後の1879年には、琉球国を滅ぼし沖縄県にする「第二次琉球処分」を行っている。台湾と琉球は、日本の南で領土画定(拡張)を急ぐ明治政府にとって一体の存在だった。さらに日清戦争中の1895年1月14日、明治政府が尖閣諸島(中国名 釣魚島)の魚釣島(釣魚島)と久場島(黄尾嶼)を、日本領に編入する秘密閣議決定をしたのも、領土拡張・画定政策の一環だったと考えるのが合理的であろう。

台湾出兵は、明治政府の誕生で失業した大量の下級士族を軍人として雇い、同時に海外出兵することで不満のはけ口にする狙いもあった。1874年2月の「佐賀の乱」は、明治政府で征韓論が退けられたことに不平を抱く士族が起こしたが、全国に波及することを恐れたことが、台湾出兵に弾みをつけた。当時、明治政府内では木戸孝允が、台湾出兵に反対し参議(閣僚を指導する集団制の政府首班)を辞任している。

牡丹社事件から20年。日清戦争での勝利がはっきりした1994年12月、当時の伊藤博文首相は、大本営会議で「台湾を占領してもイギリスその他諸外国の干渉は決して起きない。日本国内では、講和の際には必ず台湾を割譲させよと言う声が大いに高まっているが、そうするためには、あらかじめここを軍事占領しておくほうがよい」と述べている。この発言が契機となって、日本軍は1895年3月澎湖島に出兵。台湾実効支配の

既成事実をつくり、下関条約での割譲へとつながった。

②総督府による台湾統治時代

　日本総督府が主導した台湾への植民地統治はどのようなものだったのだろう。植民地政策は大きく3期に分けられる。1895年5月から1915年の西来庵事件[8]までが第一期である。この時期、台湾総督府は軍事行動による強硬な統治政策で臨み、「台湾民主国」をはじめとする抗日義勇兵のせん滅作戦を展開した。日本は最終的に約7万6000人の兵力を投入し鎮圧にあたった。しかし台湾住民の抵抗運動は収まらず、武力行使による犠牲者は、1902年までの7年間で3万2000人に上ったとされる。

　台湾への統治方針は2種類あった。第一が、英国の植民地政策に倣った後藤新平らの「特別統治主義」である。日本の国内法を適用せず、独立した方式により統治しようとした。これに対し原敬（首相）らは、台湾を日本本土の一部として、国内法を適用する「内地延長主義」を提唱する。英国の「特別統治主義」に対し、フランスの植民地思想と言え、原敬は「人種・文化が類似する台湾は日本と同化することが可能」と考えた。

　第二期は、内地延長主義に基づく「同化政策」（1915〜37年）の時代。1919年、初の文官総督に就任した田健治郎は同化政策を推進する。台湾人を完全な日本国民とし、国民として

8　「西来庵事件」：1915年、台南庁噍吧哖（タパニー、現・台南県玉井）で発生した武装蜂起。台湾本島人による最後の抗日武装蜂起とされる。総督府の元警官、余清芳のグループの一員が検挙されたことから、余は山間部に立てこもりゲリラ戦を展開、日本人95人が殺されたとされる。検挙者は1957人で、866名が死刑判決を受けた。

の観念を育てようとした。具体的には、地方自治拡大のため総督府評議会の設置、日台共学制度や婚姻法の公布、日本語学習の整備のほか、鉄道や水利事業などを進めた。経済的には、台湾をコメ、砂糖、樟脳などの資源供給地として重視するのである。鉄道や水利事業などインフラ整備もそのためだった。

　例えば、セルロイドの可塑剤や医薬品、爆薬として使用される樟脳を生産するため、台湾の南投県で原料のクスノキのプランテーションをつくった。台湾樟脳は、20世紀初頭には世界の70％のシェアを占有していた。植民地経営の「成功例」である。一方、樟脳の産地である南投県では「霧社事件」[9] のように、日本の植民地統治に抵抗する抗日事件も発生した。

③戦争のための資源供給基地に

　植民地統治の第三期が「皇民化政策」（1937 ～ 45 年）時代である。1937 年に日中戦争が起きると、戦争推進のための資源供給基地として台湾を一層重視することになった。台湾人の国民意識の向上が政治・文化面での最重要課題とされ、総督府は「皇民化政策」を推進した。

　具体的には、①国語運動②改姓名③志願兵制度④宗教・社会風俗改変からなる「日本人化運動」である。戦争長期化で日本

---

9 「霧社事件」：1930 年 10 月 27 日、台中州能高郡霧社（現　南投県仁愛郷）で起きた台湾先住民による抗日暴動事件。セデック族マヘボ社の頭目モーナ・ルダオを中心とした六つの社（村）300 人が、駐在所を襲った後に霧社公学校の運動会を襲撃。日本人約 140 人が犠牲になった。総督府は鎮圧のため、大砲や機関銃、航空機、毒ガス弾などの兵器で制圧。先住民の 700 人が死亡、500 人が投降したとされる。

の人的資源が足りなくなり、台湾と朝鮮の植民地に頼ろうとしたのである。国語運動は、日本語使用を徹底化するもので、家庭でも日本語を使い台湾語・客家語・原住民語の使用を禁止した。改姓名は、朝鮮のように強制はされなかった。しかし、日本式姓名を持つことが地位上昇に有利になることもあり、高学歴のエリート層には改姓名した台湾人も多い。改姓したのは約２％で、1940年にほぼ100％が創始改名した朝鮮人と比べ少なかった。

　台湾には当時約500万人の漢民族が居住し、日中戦争の開始によって日本の植民地内に多くの「敵」を抱え込むことになる。このため天皇中心の国家主義の下、台湾人の意識を徹底的に日本人に変える"皇民化政策"が必須となったのである。

　台湾の漢民族を兵士として採用することには、「裏切り」を恐れる反対論が多かったが、兵力不足から1942年から志願制、44年からは徴兵制が施行される。軍務に従事した台湾人は８万人を超え、軍属として徴用された人を含めると、約21万人の台湾人が日本兵士として参戦した。東南アジアで日本の軍政下にあった地域では、多くの台湾人兵士が、連合軍の捕虜収容所の「看守」役に就いた。中国と南方戦線で死亡した台湾人は３万名を超える。東京裁判では台湾人日本兵の173人がBC級戦犯として起訴され、このうち26人が死刑になった。漢民族でありながら、中国と戦う戦地に行くことは、正に「台湾人の悲哀」といえるだろう。

　皇民化するには、日本語教育のほか、一般民衆の意識形成に大きな役割を果たしている宗教の改変も必要となり神社が次々に建設された。1938年には、台湾人が拠り所にしてきた道教

寺院や廟の参拝を制限し、建物を取り壊した。寺院、廟に奉られていた像が集められ、燃やされたと当時の記録は書く。家にある神像を役所に持ってくるよう命じたとされ、破壊した台湾の寺院や廟の木材を使って日本の神社が次々と建てられた。神社参拝を強制したのは、神社が日本の「大和魂」の象徴だったからだ。

大戦後の台湾

　台湾総督府の統計によると、50年間の植民地支配の結果、日本語の普及率は70％を超えた。1945年に始まる国民党統治下では、多くの台湾人が中国語の「北京官話」を理解できなかったため、新たな「国語」として「北京官話」を学ぶ必要がでてきた。「よき日本人」から「よき中国人」への変身を迫られたのである。大陸中国から言語をはじめ生活、習慣が異なる「異質な文化」が流入した。台湾で生まれ育った多数派の「本省人」も当初は、中国への復帰を歓迎したが、大陸から来た一握りの「外省人」による支配との矛盾が次第に広がっていった。1947年に起きた「2・28事件」[10]はその象徴であった。

　経済面では、日本統治時代の水利事業や鉄道、通信などインフラは、日本の敗戦後も残り台湾経済の発展に役立った。国民

10　「2・28事件」：日本から台湾統治を引き継いだ国民党政権が47年、台湾人の抵抗を武力弾圧した事件。台北市で2月27日、闇たばこ売りの取り締まりで、当局が抗議に集まった群衆に発砲、死者が出たことに民衆の怒りが爆発、翌28日に始まった抗議は台湾全土に広がり、各地で衝突が起きた。当局の武力鎮圧とその後の摘発で、殺害された台湾人エリートらは推定1万8000～2万8000人に上り真相究明が続く。

128　第Ⅱ部　複合的目線で見るアジアの真実

党政府は「大陸反攻」のスローガンの下で、主として日本統治時代のエリートだった共産主義者を取り締まる「白色テロ」を継続。国民党圧政の反作用も手伝い、「日本時代の方がまし」という感情が台湾人に生まれた。「イヌ（日本）が去ってブタ（国民党政権）がきた」という揶揄も、そのような台湾人の意識を代弁している。戦後70年以上もたった現在も、台湾人が抱く「親日感情」の源の一つであることは否定できない。

　言語と宗教という人々の意識を左右する文化の中心は、中華民国になり次第に中華へと戻っていった以上、日本の皇民化政策は成功しなかったことになる。ただ台湾文化は戦後、中華文化を中心に日本文化、原住民文化が混じりながら形成された混合文化であり、その意味では50年間に及ぶ日本統治の影響はまだ台湾に残るといえよう。

冷戦下、台湾を承認

　1949年、国民党との内戦に勝利した共産党は中華人民共和国の成立を宣言。敗退した蒋介石率いる国民党軍は台湾に逃れた。米国務省は49年当時、対中国政策に関する「中国白書」を発表し、蒋介石政権への援助打ち切りと対中政策転換をほのめかしていた。さらに米国は翌50年1月には「台湾不干渉声明」を発表したが、6月に朝鮮戦争が勃発し東アジアでも米ソ冷戦時代が始まった。台湾と韓国は、中国封じ込め政策の下で「反共防波堤」の最前線を担うのである。

　日本は1951年、サンフランシスコ条約に調印して独立。条約が発効した52年4月、中華民国政府との間で「日華平和条約」を締結し、台湾への主権を放棄した。蒋介石政権を、中国

を代表する政権として承認した虚構は、1972年9月の日中国交正常化まで続くことになる。冷戦下、蒋介石の台湾は米日と共に「共産中国」の封じ込め政策を優先したため、日本の中国侵略や植民地政策の責任を強く問わなかった。歴代の保守政権もそれをいいことに、中国侵略や植民地政策の歴史を総活せず、「大日本帝国」は清算されないまま現在に至っている。それが中国や韓国から歴史認識をめぐって繰り返し批判される原因にもなっている。

台湾の国際法上の地位

　ここで、日本が割譲した台湾の国際法上の地位が戦中から戦後どのように変わったのかおさらいしよう。第二次大戦中の1943年11月末、ルーズベルト米大統領とチャーチル英首相、それに蒋介石・国民政府主席の3首脳がカイロで首脳会談を開き、東アジアの戦後秩序について協議。その結果が12月1日「カイロ宣言」として発表された。宣言原文（英語）のうち、「台湾を中華民国に返還する」とした部分の英語と日本語は次のように書く。

「all the territories Japan has stolen from the Chinese, such as Manchuria, Formosa, and The Pescadores, shall be restored to the Republic of China.」
「満洲、台湾及澎湖島ノ如キ日本国カ清国人ヨリ盗取シタル一切ノ地域ヲ中華民国ニ返還スル」。

満州と台湾の中国返還が明確にうたわれたことがわかる。し

130　第II部　複合的目線で見るアジアの真実

かし冷戦下のサンフランシスコ平和条約では「日本が主権を放棄する」としただけで、返還先は明示されなかった。中国への返還を認めれば、「反共防波堤」の台湾が中国大陸に吸収される事態を恐れたためである。

「カイロ宣言」の法的有効性については、米英中三国首脳の署名や日付がないため、外交文書としての効力を疑問視する声がある。しかしその後ポツダム宣言には「カイロ宣言の履行」がうたわれ、サンフランシスコ平和条約もポツダム宣言が法的に引き継がれている以上、その法的効力に疑問を呈しても意味はない。ポツダム宣言と降伏文書は、日本が敗戦国として法的に拘束される国際法上の法的文献である。

　台湾独立派の中には「カイロ宣言は署名もなく新聞発表に過ぎない。国際法上の拘束力はなく、台湾の国際法上の地位は未定だ」と主張する人がいる。李登輝元総統はいまでこそ「台湾は主権独立国家」との認識を示しているが、総統退任後の2004年ごろには、「台湾は敗戦状態の地位が続いており、国際法上の地位ははっきりしない」という態度をとるなど、主張はくるくる変わっている。しかし地位未定論に立つなら、戦後の「中華民国体制」を否定することになり、国連安全保障理事国だった当時の国際法上の地位も法的に危うくなる。戦後体制とその歴史を遡って否定する立場はとるべきではない。

断交後の日台関係

　日本政府は1972年9月、中華人民共和国を中国代表政府として国家承認し、台湾と断交した。その前年の71年、中国は国連代表権を獲得し台湾は国連を脱退した。北京が中華民国を

第七章　日台関係の構造変化を探る　131

引き継いで、安全保障理事会の常任理事国になった。日中国交はそうした新たな国際情勢を反映したものだった。

　断交後の日本の台湾政策を振り返ろう。歴代内閣は「中華人民共和国政府が中国唯一の合法政府であることを承認する」とした日中共同声明に基づき、国交のない台湾とは「非公式な窓口機関を通じ実務問題を処理」してきた。歴代内閣の台湾政策は、日中共同声明など「四つの基本文書」[11]に基づく大枠の中で「状況に応じた受動的政策」を採用してきた。外務省は、日本の台湾政策について「日本の基本的立場は、日中共同声明にある通りであり、台湾との関係について非政府間の実務関係として維持してきています。政府としては、台湾をめぐる問題が両岸の当事者間の直接の話し合いを通じて平和的に解決されることを希望しています」と書く。

　つまり台湾とは「政治関係を持たない」という意味であり、それを「72年体制」と呼んでもいい。具体的には①台湾独立および国連加盟は支持せず②台湾問題の話し合いによる平和的解決③一方的な現状変更の試みは支持せず──などの政策をとってきた。②③は、中国による統一や武力行使を牽制する含

11　「四つの基本文書」：1972年国交正常化の日中共同声明で「台湾は中国の不可分の一部」という中国の立場を「十分理解し尊重する」とした。②78年の日中平和友好条約で、「両国間のすべての紛争を平和的手段で解決」「武力や武力による威嚇に訴えない」ことを確認③98年、江沢民国家主席が来日、小渕恵三首相と日中共同宣言を発表、両国関係を「最も重要な2国間関係の一つ」とし95年の村山富市首相談話の順守を明記④2008年、胡錦濤国家主席が来日、福田康夫首相と「日中共同声明」を発表、「戦略的互恵関係」をうたい、両国首脳の定期的な相互訪問の仕組み作りが盛り込まれた。

みもある。

「台湾論」の波紋

　日本の台湾政策は、陳水扁政権時代（2000〜08年）に少しずつ強化されていった。その背景にある時代状況は、冷戦終結とバブル崩壊だった。日本が「30年」もの経済不振の時代に突入する一方、中国が大国として台頭する。その流れの中で日中関係は1998年の

写真3　小林よしのり『台湾論』

江沢民主席来日以降、次第に悪化の道をたどることになる。

　多くの日本人が、自信を喪失し将来への不安が高まる中、日本の植民地支配と侵略の歴史を肯定的にとらえる「親日」論が台湾から発信される。李登輝元総統らが「日本の植民地支配は悪い事だけではなかった。日本人は自信を持ちなさい」というメッセージを出すのである。

　侵略と植民地政策を日台双方が「肯定」し合い、誤解を生みだした例を挙げる。2001年初め台湾で中国語版（『台灣論・新傲骨精神』前衛出版）が出版された小林よしのり氏の『新ゴーマニズム宣言SPECIAL　台湾論』（小学館、2000年）である。これは第一次民進党政権が発足した年に台湾で問題化した。「親日」のはずの民進党政権の対応をみると、「親日」とそれに対応する「親台」が、すれ違う「片思い」にすぎなかったこと、さらに台湾の「親日」が、日本側に「甘え」と「おごり」を生んだことが分かる。

『台湾論』の内容を紹介する。小林は評論家、金美齢氏らの案内で、李登輝をはじめ「旧日本人エリート」たちを取材。日本の植民地統治は、近代国家建設に必要なインフラ基盤を提供し、教育や道徳も戦後の台湾近代化に貢献したという主張を紹介する。そして彼らから「日本は自信を取り戻せ」というメッセージを引き出すのである。

政治問題化したのは従軍慰安婦の記述部分である。独立派の財界人、許文龍・元総統府顧問はこの中で「従軍慰安婦は強制されたものではない」と語り、台湾先住民は「大東亜戦争の魅力に勝てず、こぞって日本軍に志願した」と発言している。国民党など当時の野党は、許の総統府顧問の解任のほか、同書の発売禁止を要求し政治問題に発展した。

その結果、陳水扁政権は01年3月2日「同氏の主張は国家と民族の尊厳を傷つけた」として、台湾訪問を予定していた小林の入境禁止を決定した。「人権重視」を建前にする陳水扁政権が、言論を理由に外国人の入境を禁止するのは異例だった。

入境禁止決定を日本で聞いた小林は「台湾に対する"片思い"が破れた」と台湾紙「中国時報」に語った。小林が述べた「片思い」とは何か。『台湾論』は、李登輝をはじめ「元日本人エリート」たちの、戦前の「強い日本」への撞着を主張の拠り所にしている。この歴史観は李登輝世代などに根強く残るが、台湾の主流民意を代表しているわけではない。

一方、小林からすれば国民党からの非難は分かるにしても、李登輝の「後継政権」である陳水扁までが、植民地統治への「歴史認識」を理由に入境禁止するとは思ってもみなかったに違いない。小林が描いた台湾人の日本観は、過去の日本の幻影

134　第Ⅱ部　複合的目線で見るアジアの真実

を極大化した「片思い」に過ぎない。しかし、それを台湾全体が「親日」として描き、それに対応する「親台」意識に「昇華」させるのもまた、もうひとつの「片思い」であることに気付くべきだった。

当時、民進党主席だった謝長廷・台北経済文化代表処代表は筆者に対し「彼の主張は一部台湾人の言論を借り、日本はかくあるべしと主張する小林の日本論にすぎない」と分析した。謝は京都大学に留学した日本通である。小林は、現実政治によって「親台意識」が打ち砕かれたのを目の当たりにして「片思い」が破れたと言ったのである。「すれ違う片思い」だ。

「甘え」と「おごり」助長

次に挙げるのは、「親日台湾」の幻想から日本側に生まれる「甘え」と「おごり」である。「台湾論」に続いて2002年初め、台北の日系書店で売られた台湾の性風俗業や買売春を紹介した日本の『極楽台湾　夜遊び特選街』（司書房）が販売禁止となった。

問題視したのは民進党の台北市議だ。買春を公然と奨励するような書籍が堂々と売られているのは、「陳水扁元市長に比べ馬英九市長（当時）が手ぬるいからだ」と批判したのである。これに対し馬は市議会で「いつでもどこでも買売春できる都市として描かれ、台北市の印象を著しく傷つけた」と批判。記者会見では本を手に取り「仮に同じ内容の『極楽東京』が発売されたら、東京都や都民はどうするだろうか」と怒りをあらわにし「買春に来る観光客は一網打尽にする」と、取締り強化を宣言した。

第七章　日台関係の構造変化を探る　135

この本は、日本人ライターが台北市の風俗スポットを、裸の台湾女性の写真入りで詳細に紹介し、買春価格まで掲載した内容である。日本では「珍しくもない本」かもしれないが、問題は台湾で堂々と販売されたことにある。出版社は『極楽上海』『極楽ソウル』など一連のシリーズを出しているが、まさか上海やソウルの書店には置くまい。外交問題に発展することは明らかだからだ。

　この事件は、台湾は「親日」だから日本人旅行者向けに販売しても外交問題になることはないだろうと高をくくった「甘え」と「おごり」から生まれたのだと思う。発禁は当然の処分であり、馬が「反日」だからではない。当時は民進党政権でもあった。この騒ぎの最中に、台北市内の高級ホテルで、買春した日本の元警察官が一時拘束されたことを付け加える。

「甘え」がもたらした摩擦を、「親日」の対極にある「反日」という言葉で安易に表現した中国研究者の文章に触れる。『極楽台湾』事件について中国研究者の水谷尚子氏は「胡錦濤より『色男』で『反日』の馬英九」と題する文章（『諸君』2006年3月号）で、「買春した日本人は、出国時パスポートに『淫虫』（スケベ野郎）のスタンプを押すことも検討」という馬発言を取り上げ、馬の「反日的性格」の一例と指摘した。

　水谷はさらに、馬の「反日」の例として、霧社事件のタイヤル族の指導者モーダルナオ記念碑を「先住民たちは抗日英雄だ」と位置付け参拝したことや、馬英九総統「保釣運動」の闘士だったことを挙げる。傑作なのは結論部分である。彼女は「李登輝に代表される日本語世代のような、無条件に日本を愛してくれた親日派は、今後急速に消滅していく」とした上で、

136　第Ⅱ部　複合的目線で見るアジアの真実

「台湾が『親日』であった時代は終わった。その上で「馬英九の『嫌日』発言は突出しており、共産党と国民党は『反日』で団結することは可能」という懸念を表明するのである。

　問題は、李登輝らを「無条件で日本を愛してくれる」とする部分。中国、台湾を研究する専門家とは思えない認識である。李登輝について「台湾人の心を持ち、日本人の思考方法と欧米の価値観を持つ。同時に中国的な社会、文化背景の中で生きている」とコメントするのは、蔡英文政権にも影響力を持つ台湾の古参ジャーナリスト江春男である。李は多くの台湾人同様、複合的なアイデンティティを持つ人物であると同時に、極めて現実的な政治家でもある。「無条件で」旧宗主国を愛する政治家がいるとすれば、その「奴隷的根性」は批判の的になるだろう。水谷の見立ては、李の「戦略的親日」に対するナイーブな認識と言わざるを得ない。

侵略と植民地支配の清算なしでは「戦後」は果てしなく続く

　日本では李登輝を「アジアの哲人政治家」と持ち上げる声が絶えない。李の「親日」ポーズをまともに受け止め、日本の植民地支配を心理的に清算できない安倍首相を含む日本の政治家の認識を解析したい。安倍は戦後70年の首相談話で、侵略と植民地支配について将来の世代に「謝罪を続ける宿命を背負わせてはならない」と強調した。しかし植民地支配を内在的に清算できなければ、「戦後」は果てしなく続く。

　安倍が談話で「侵略」「植民地」「お詫び」を入れながらも、後の世代に「謝罪を続ける宿命を背負わせはならない」と強調したのは、第二次大戦は「侵略戦争でなく、植民地解放のため

第七章　日台関係の構造変化を探る　137

の戦い」「自存自衛の戦い」と位置付ける靖国史観に共鳴しているからではないか。特に「日露戦争は、植民地支配のもとにあった、多くのアジアやアフリカの人々を勇気づけました」という部分はまさに、靖国神社の歴史観と軌を一にしている。

　しかし安倍をはじめ日本会議に参加する政治家たちは、公の場で彼らの歴史観を披歴することはできない。「戦争肯定」の非難を招きかねないからだ。彼らの本音を代弁してくれるのが元日本人の李登輝なのだ。「台湾がなぜ親日なのか」「日本の植民地支配は否定面だけではない」などと、元総統が振りまく「戦略的親日発言」を、日本の政治家たちは、おそらく心地よくうっとりと聞いているのだろう。

　過去の振る舞いを肯定されるのを聞くのは、気持ちがいいに違いない。テレビが毎日のように、外国人の声を集めた「日本ボメ」番組を放送する現象とも通底する。長いトンネルから抜け出せず自信を失った「大国喪失感」を、どこかで埋めたい感情は多くの日本人が抱く集団的な社会意識でもある。しかし歴史観とは本来、過去の歴史に真剣に向き合い、現在と将来のあるべき道を探る「内在的」なものでなければならない。

　将来の世代に「謝罪を続ける宿命を背負わせてはならない」とした「戦後70年談話」にもかかわらず、日本政府の歴史認識を問題視する中国、韓国からの批判は止まることを知らない。釜山の日本総領事館前の少女像が撤去できないのは、多くの韓国人が日本政府は謝罪していないと見做しているからだ。学校法人「森友学園」問題で、主権在民を否定した戦前の教育勅語を安倍政権が否定しきれないのも、戦前を肯定的に捉える安倍イデオロギーのなせる業であろう。侵略と植民地支配を内在的

138　第Ⅱ部　複合的目線で見るアジアの真実

に清算できなければ、「戦後」は果てしなく続く。将来の世代に「謝罪を続ける宿命を背負わせる」ことになるだけである。

第Ⅲ部

日本とアジアの未来

第八章　20世紀の日本、アジアの未来への教訓

福川伸次（元通産相事務次官、東洋大学理事長）

　私は中国とは深い縁があった。戦後、日中国交回復したのが1972年。その2年後、74年から中国を訪問するようになった。その後、中国経済が市場経済化して、発展の過程を辿る。この流れの中で、中国の経済関係の諸官庁から招かれるなどして、中国と日本の経済発展、交流について議論を重ねてきた。かれこれ100回ほど中国を訪問している。

　それなのに中国語が今も堪能ではないのは情けないことだと思う。やはり語学は若い時から学ぶべきである。英語は必須となっているが、中国語もぜひ若い時から学び、理解できるようにしてほしいものだと思っている。

20世紀の世界：対立と技術から協調と成長の時代

　今回お話したいテーマは、「20世紀の日本、アジアの未来への教訓」であり、これまでの歩みを振り返りながら、日本の経験を顧み、今後のアジアの発展のためには、何が必要か、何が役立つかを探っていくことにしたい。

　20世紀はどういう世紀であったのか、簡単に要約してみると、前半は対立と技術の時代、後半は協調と成長の時代であった、と私は分析している。

対立と技術の時代。対立とは、「パックス・ブリタニカ」（イギリスによる平和）と言われた19世紀に続いて、アメリカが主導権を握る「パックス・アメリカーナ」へ移行していった時期であり、当時はナショナリズムが世界を支配していて、欧米の先進国が、アジアの各地、その他の地域に進出して、植民地支配をしていった。そして世界大戦が二度起きる。

　ドイツが世界大戦の引き金を引いた。日本は殖産工業で経済を発展させ、国力を高めていた。その最中で第一次世界大戦が勃発し、日本も参戦し、勝利を得ることになった。

　その後は、残念ながら軍国主義の道を歩むことになってしまう。満州事変、日中戦争、そして太平洋戦争へと進んでいく。この間、日本の技術力はたいへん進歩した。

　一方で、経済の主導権がアメリカに移り、アメリカで石油が採掘され、大量生産が進むようになった。フォードなどの自動車産業に見られるように、自動化・機械化も徐々に進んでいく。計算機もアメリカで開発され、一方で核の開発も進みはじめた。

　1945年夏、日本は敗戦を迎えた。みじめな結果だった。当時、私は東京におり、しばしば空襲にあい、焼夷弾に追われて逃げまどう生活をしていた。東京では、3月10日と5月23日、25日に大空襲があった。5月25日の大空襲のときに、私はたまたま丸の内にいた。東京駅が、雨あられの焼夷弾で焼け落ちていくところを見続けた。当時私は中学生だったが、戦況が厳しいことを実感した。東京駅周辺の市内電車、路面電車は、架線が垂れ下がり、レールが飴のごとく曲がっている、どこもかしこも焼け野原だった。はるか遠く新宿あたりまで見渡せた。

　日本が軍国主義に猛進する間、中国との間で、今にして思う

144　第Ⅲ部　日本とアジアの未来

と悲しい事態を導いてしまった。

　20世紀後半になると第二次世界大戦の教訓から、世界はできる限り協調を重んじるようになり、アメリカ主導で経済が発展に向かった。ただしソ連とアメリカの間でイデオロギーの対立が起こり、東西冷戦につながった。これは自由主義と社会主義の対立であり、鉄のカーテンで東西が分断されていく。

　その後、情報化時代の到来により、自由主義圏の情報が社会主義国である東欧圏にも伝わるようになった。1989年のベルリンの壁崩壊に象徴されるように、東西冷戦が終結する。

　冷戦下の自由圏では、自由貿易・市場経済が進められていった。象徴的に言えば、1964年から67年にかけてケネディ・ラウンドという自由貿易・自由経済の促進交渉がおこなわれた。ケネディは64年に暗殺されるのだが、彼の意向を継いで、この名前が付けられた。73～79年には東京ラウンドで交渉が続けられ、86～95年のウルグアイラウンドが決着したことにより自由貿易の基礎が固まった。GATT（関税および貿易に関する一般協定）が改組され、世界貿易機構（WTO）が設立された。

　この間に、実はアメリカの地位は落ちていく。その象徴が1971年のニクソンショックだ。金ドル本位制が崩壊し、ドルの変動相場制に移行した。追い打ちをかけるように73年と79年に二度の石油危機が起き、世界経済は大いに混乱した。

　それでも、産業技術は急速に進歩して石油化学が起こり、20世紀前半に発展した産業技術も、規模の利益（スケールメリット）の追求により競争力が強化された。原子力も平和利用に移り、電子情報技術が進む。世界経済は、協調の上に成長を遂げ

第八章　20世紀の日本、アジアの未来への教訓　145

ていくことになる。

　しかし、世界経済には20世紀終盤に問題が生じた。80年代、アメリカ経済が停滞期に入り、日本との間で厳しい貿易摩擦が起きる。貿易摩擦の典型は1969年からの日米繊維交渉で、大貿易摩擦になったことだ。その後、日本の産業が力を増し、産業の厳しい競争が起きる。アメリカ議会では対日批判の決議が行われた。

「日本の産業政策が悪い」といった批判がされ、議会では日本製品を叩き壊すようなことまで起きた。当時のアメリカでは、「アメリカにとって二つの脅威がある。ひとつはソ連の軍事力。もうひとつは、日本の産業力だ」とよく言われた。そこで日本としては、貿易摩擦の解消に政策努力を集中した。

　20世紀後半は協調と成長の時代ではあったが、成長地域の中心が日本から、徐々に中国を始めとするアジア諸国に移っていった。

日本の高度経済成長

　以上を前置きとして、20世紀後半の日本の経済成長を概観する。戦争後は苦しい食糧事情が続いたが、アメリカの食糧援助や特別配給などにより、徐々に回復していく。重要資材の不足により傾斜生産方式がとられ、鉄鋼と電力と石炭を重要基幹産業に定め、資金を重点的に配分するようになった。同時に市場経済化・経済の民主化をすすめるために、財閥を解体し、独占禁止法を導入して、市場競争を加速させていった。労働の面では労働基準法等を整備して、諸条件を定めていった。これらの施策により日本経済は徐々に回復に向かった。

1956 年の朝鮮動乱による特需が、日本経済回復の引き金になり、高度経済成長期を迎えた。1960 年には池田内閣が「所得倍増計画」を立案した。輸出振興策がとられ、貿易が伸びていく。

　私が通産省（現：経済産業省）に入省したのが、1955 年である。終戦から 10 年が経っていたが、国民一人当たりの GDP は 252 ドルだった。当時の輸出高が 20 億ドル、外貨準備高が 7 億ドルである。外貨不足で、よく産業では「輸出か死か」と言われ、輸出が最優先とされていた。輸出品の代表は繊維であり、アメリカに「1 ダラーブラウス」という 1 枚 1 ドルのブラウスを輸出していた。安かろう悪かろうという製品で、今でこそ日本は技術力が高いものを輸出しているが、当時は粗悪品でも輸出に精を出すことで、経済の基礎が徐々に固められていった。

　経済を強固にするための経済構造改革が議論され、重科学工業化政策が推し進められていく。日本経済の中心が繊維のような軽工業から、鉄鋼・電力・プラント・造船といった重化学工業に移行していった。それによって 60 年代、前年比 11.2% という 10% を超える高度経済成長を成し遂げた。

　産業構造の高度化のために、当初は重化学工業化が推し進められたが、その後は付加価値の高い知識集約産業が中心とされた。成長を続けていくために、「成長追求型」ではなく「成長活用型」の経済運営がとられるようになった。

　というのも重化学工業を伸ばした結果、公害が発生し大衆の批判が起こったためだ。とくに工場の周辺では深刻な環境汚染が起き、重化学工業批判の住民運動が高まり、住民が工場を取

第八章　20 世紀の日本、アジアの未来への教訓　147

り囲み、操業の停止を要求するような事態もしばしば起こった。

　都市部でも、自動車の排気ガスによる公害が激しくなった。激しい批判を乗り越えるために、厳しい環境基準が導入された。同時に技術開発にも努力し、自動車産業の発展にもつながった。今でこそ日本の自動車産業は世界に冠たるものになっているが、60年代はまさに公害の克復が発展の源泉であった。

　当時、アメリカでも「マスキー法」（大気浄化法改正法）により厳しい環境規制が行われ、日本の自動車産業はそれに対応する技術開発を進めた。日本政府も開発を助成し、危機を乗り越えていった。

　アメリカでも日本同様の環境被害があり、環境規制を整備しようとしたため、アメリカの自動車産業の経営者は議会に駆け込み、環境規制を緩やかなものにするよう求めた。それに対し、日本の自動車産業の経営者は技術研究所に駆け込み、どうやっていい車にするかを追い求め、技術開発に力を入れた、と当時評されていた。

　産業公害を乗り越え、産業構造を高度化した日本の産業はますます発展し、1968年、西ドイツを抜いて、日本は世界第2位の経済大国になった。まさに日本経済の黄金時代になった。

　ハーバード大学のエズラ・ボーゲル教授が、1979年『ジャパンアズナンバーワン』という本を書いている（日本語版は同年、ティビーエス・ブリタニカ刊行）。

　1973年、第一次石油危機が起き、対応策として省エネを大いに進めて行くことになった。たとえば、夜のネオンが消され東京は暗い街となった。このような厳しい試練を乗り越えたことで、産業は競争力がつき、強くなっていった。70年代後半

148　第Ⅲ部　日本とアジアの未来

から80年代にかけて対外輸出が非常に伸びた日本は輸出主導の経済成長を遂げていった。日本の輸出が伸びた結果、アメリカの国際収支は悪化し、通貨調整をしなければならなくなった。

80年代、「強いアメリカ、強いドル」というスローガンを打ち立て、レーガン大統領が登場する。「強いドル」は好ましいことなのだが、むしろ輸入が増え、アメリカの産業は疲弊した。

85年に通貨調整のためのプラザ合意をして、円高が急速に進んでいく。日本の産業も厳しい状況に置かれた。とりわけ、中小企業の輸出がかなり厳しい状態になった。

「バブル経済」の教訓

80年代、日本の経済は大きな成長をとげるが、経済界の中に驕りの気持ちが蔓延し、1990年代の停滞につながった。景気を浮揚するため、円高の対抗策として財政拡大・金融緩和政策がとられた結果、バブル経済を招いた。

バブル期には日本の経営者たちは「もうアメリカやヨーロッパからは何も学ぶものは何もない」と豪語していた。ニューヨークのマンハッタンのビルを買い、海外のゴルフ場を買うことで世界に進出したつもりになっていたのだが、その驕りがバブルの崩壊につながり、長い停滞期に入ってしまった。日本がなぜこうなってしまったのか、深く考えてみる必要がある。

一方、アジアの経済はどう伸びていったかのだろうか。アジア諸国は当初植民地支配されていたこともあり、経済成長はそれほど高くはなかった。1950年前後から「民族の自決」を掲げアジアの国々が徐々に独立し、自立して経済成長を推し進めようとしたとき、モデルとなったのが日本だった。

第八章　20世紀の日本、アジアの未来への教訓　149

1970年、マレーシアのマハティール（のちに首相）が著書『マレー・ジレンマ』（日本語版は井村文化事業社、1983年）の中で、日本をモデルにした経済政策、「ルックイースト政策」を提案した。彼は来日時に製鉄工場と自動車工場を見学し、日本をモデルにしようと決心した。

アジアNIEsと言われた韓国・香港・シンガポールでテイクオフ（経済発展への離陸）がはじまり、1980年代後半、ASEAN諸国が追ってテイクオフをしていく。そして90年ごろから、中国も高度成長期に入る。よく「雁行形態」の経済発展と言われるが、トップを先頭にしながら斜めに並んで飛んでいく雁の姿のように、日本をトップにして次いでアジアNIEs、ASEAN諸国、中国が経済発展していく。

78年に中国は、「改革と開放」という政策に転じたが、当初はなかなか経済成長が進まなかった。しかしながら、徐々に成長へと転じていく。当時、私は何回か中国で日本の産業政策について話す機会があった。90年ごろ、高度成長に入っていく当時の中国を思い出してみると、中国政府の人たちはたいへん有能で、日本がどのようにして高度成長を実現させていったのか一生懸命勉強していた。しかし彼らはそれを鵜呑みにせず、日本がしてきた経験を、どうやって中国風に展開するといいのか、様々に考えをめぐらせていた。

その中のひとつに特区制度がある。その時点で日本では特区制度は実施されていなかった。中国は、改革を遂行しようとするときも、いっぺんに改革はしない。特区という形で条件を変えていきながら、改革を順次広げていった。

日本では、外国からの資本や技術が入ることに警戒心が強

かった。通産省も、できるだけ国産技術を伸ばそうと考えていた。ところが中国は外国資本・外国技術の導入に積極的で、それが高い経済成長につながった。中国の経済政策は賢明だったと私は思っている。

国内マーケットだけでは小さいことから、日本の企業は海外投資を進める政策をとるようになり、アジアの国々との協調発展が進むことになる。外資導入政策をとっていた中国も、日本からの投資に呼応した。そしてアジアは経済発展をとげていき、同時に自由貿易を推進していく。中国は改革開放を進め、ASEAN諸国も自由貿易地域協定を結び、ASEAN＋1として、韓国・中国・日本・インドなどとFTAを展開していく。

GDPのシェアで見てみると、日本は1990年に13.9％だったが、以降は徐々に下がっている。中国は90年時点で1.8％だったが、2014年は13.4％にまで上がった。韓国はほぼ横ばい、ASEAN諸国はかなり伸ばしている。

世界貿易における日本のシェアは、90年は7.5％だったのが、14年は4％に下がっている。現在、中国・韓国は数字を伸ばし、アジア全体も大きくシェアを伸びている。

日本はバブル経済になり、株式や土地が暴騰した。それでも当時は貿易摩擦が深刻で、国内需要を増やす必要性から金融も財政も膨張政策をとり、物価が上昇してしまう。さらに欧米から貿易摩擦を指摘されることを恐れていたために、デフレ防止のための金融引き締めの時期が遅れ、失敗してしまった。

日本は大きなインフレになり、インフレを抑えるためにやむなく金融を引き締め、その効果がでてきた。にもかかわらず、早く緩めることによる物価の再膨張や外国からの批判を恐れ、

第八章　20世紀の日本、アジアの未来への教訓　151

経済の調整が進まなかった。緩和と引き締めのタイミングを失してしまったことで金融不安が続き、バブル崩壊後に日本は大不況に陥る。

経済成長率も年平均で 0.8％程度にしかならない。GDP のシェアも、2014 年の時点で 5.9％にまで下がってしまった。このままだと、2050 年の時点では、2.5％にまで落ちるのではないかという懸念さえある。これはいかにマクロの調節が難しいかということを示唆している。

日本はアジアの発展の中でしか成長できない

アベノミクスで、経済は回復傾向にあるやに見えるが、回復は必ずしも容易ではない。株式市場は良くなっているし、おおむね円安傾向にある。最近は、円高にもふれているが、それは世界の諸情勢が安定的ではないからだ。BREXIT（イギリスの EU 脱退）もあり、アメリカでもトランプ大統領が実現した。アメリカ国内でも、アメリカは世界のために努力しなくていい、国内を保護する政治をしろという人たちが増えている。最近、中国では、とくに鉄鋼など素材の過剰生産により株価が下がっている。要するに、世界経済は不安定で今後もリスクが高まるといえる。

日本は景気回復のきっかけが掴めないのが現状だろう。経済学者の推測では日本経済の潜在成長力は 0.5％程度だというが、この条件下でどうやって成長をとげることができるのだろうか。

追い打ちをかけるように、日本の人口が減少過程に入った。今世紀の終わりごろには、20 世紀初頭の人口までに下がるだろうと言われている。つまり 20 世紀に増えた分の人口が 21 世

紀に減ってしまうことになる。

　人口が減少すると生産年齢人口が減り、労働力不足になる。マーケットも縮小する。アベノミクスでは、2020年までに名目GDPを600兆円にするとしている。そのためには名目GDPを年率2.5％増やしていかなければならないが、この数字を達成するのは難しいだろう。名目GDPを年率2.5％増やすために、生産性を年率２％は上げなければならないのだが、女性や高齢者の活躍を促進して労働力を増やしていっても達成不可能だろうと言われている。よほどのインフレにしないと不可能だ。

　何よりも大事なことは、実質的な成長、とりわけ一人あたりの所得を上げる政策がどこまで実施されるかだ。現状では困難である。経済を成長させるための方策は、構造改革しかない。アジア諸地域の経済は発展しているのだから、かつてアジアが日本から学んだように、日本はアジアの経済発展の中に経済成長を見出すことしか考えられない。

　そのために大事なことは、日中、日韓、あるいは日中韓で、健全な関係を築くことである。現在でも日中韓の３国で、世界のGDPの20.7％、貿易の18.4％と大きな地位を占めている。

先人たちが残した歴史と領土問題を乗り越える知恵

　残念なことに政治面では、日中間は靖国問題・尖閣列島問題など不安定な要因がある。韓国に対しても、竹島の帰属をめぐる問題や慰安婦問題などで不安定になっている。

　日中国交回復をした当時、お互いの国のことを「好き」「信頼できる」と答えていた人たちは８〜９割であったが、今は相手国が嫌いだとする人たちが増えている。日韓も同じだ。経済

第八章　20世紀の日本、アジアの未来への教訓　153

的には、緊密な関係が築けているが、政治的な不信がある。なんとしてでも相互信頼を取り戻さなければいけない。また良い政治関係を取り戻さなければいけない。

　私が通産省に在籍していたとき、首相官邸で仕事をしたことがある。当時の総理大臣は大平正芳氏だった。大平氏は田中角栄内閣の外務大臣で、日中国交正常化のために尽力した人物である。国交正常化交渉で田中総理と大平外相には二つの大きな心配事があり、一つは中国が賠償を請求してくるかどうか、もう一つは台湾との関係を維持できるかどうかだった。

　当初、交渉はなかなか先が見えず、大平外相は田中総理に「これは無理だから、帰りましょう」と進言したほどだった。日本側が帰り支度を始めたとき、毛沢東主席から呼び出され「もうけんかは終わりましたか」と言われ、交渉が再開された。

　このとき、周恩来首相は、賠償問題について「もし中国が日本に賠償を請求するとすれば、それは日本の国民の負担になります。中国としては、日本の軍国主義は恨むけれど、日本の国民には決して恨みはありません」と発言し、賠償問題は決着がついた。

　周恩来首相は台湾との問題でも、中華人民共和国との国交正常化によって断交されることになる台湾の中華民国政府との貿易についても、「これまで中国と日本の間では、『覚書貿易』（注：国交がないままの半官半民的な貿易、LT貿易とも言う）をやってきた。同じようなことを台湾との間でおやりになったらどうですか」と提言した。それが今では「日本台湾貿易協会」になり、外交関係が維持されている。

　私は小学校のころ、一時北京に住んでいた。ここでは詳細に

154　第Ⅲ部　日本とアジアの未来

はふれないが、そのとき子どもながらに日本の軍隊がやってきたことを見聞してきた。そうとう中国の人々の反感をかう行為であったと思う。これを中国の人たちが、どう受け止めているのか、私も胸が痛むほどよく分かる。

　中国の人たちが国交正常化に応じたのは、日本の軍国主義を恨めども、他の点について反発がないことが原因だった。国交正常化後、日中の経済協力関係は著しく伸びていった。日中国交回復のときの中国の判断を忘れてはならない。

　大平氏が首相に就任後、1997年12月に中国に対して円借款を供与するために訪中し、私も同行した。

　日本の参議院にあたる場所で、大平首相は「日中関係の深さと広がりを求めて」と題して演説した。練りに練ったスピーチだった。「これからの日中関係は発展の可能性がある。しかしそれには、両国民の信頼関係が不可欠である」とし、しかし「国と国との信頼関係を保つのはきわめて難しい問題である」と発言した。続けて、日中間には「2000年の友好の歴史がある」が、「経済的のみの利益を追求することに両国が走れば、日中間は、儚いものに終わってしまうでしょう」と述べた。

　当時は中国ブームで、中国がどう発展するか大きな期待がかかっていた。それなのに、大平首相の発言は慎重に将来を見ており、「今後日中関係の信頼を保つためには、真剣な努力をしていかなければならない」と警鐘をならしていた。大平首相自身は、将来日中間に問題が起きるかもしれない不安を抱いていたのだろう。具体的には政治問題を懸念していたかもしれない。

　韓国との関係も同様に、経済発展を基盤に乗せるために、相互に政治的、国民的、さらには教育も含めて、いかに信頼関係

第八章　20世紀の日本、アジアの未来への教訓　155

を保つかが問題であった。

今後の課題はアジアへの理解と貢献

　大平首相自身、それ以前の 1980 年 1 月にメルボルンで「環太平洋構想」を発表し、アジアと太平洋の国々で連携をしていこうと提案した。その後、1989 年にアジア太平洋連携協定（APEC）が誕生し、「ゆるやかな連帯、ひらかれた経済」を目指し EU とは異なる協力が提案された。21 世紀に入ると ASEAN を中心に、FTA（自由貿易協定）が伸びていくことになる。

　イノベーション（技術革新）も課題になっている。経済学者のヨーゼフ・シュンペーターは、イノベーションとは「創造的破壊」だとした。彼は、イノベーションとは「労働などの生産要素を従来とは異なる方法で再結合すること」と定義し、技術だけでなく、制度・規制・経営・労働など広範なものを含むとしている。

　日本も、経済的なイノベーションを切り拓くと同時に、生活面でのイノベーション、あるいはグローバルなイノベーションも、意を用いていかなければいけないと思っている。

　もちろん技術開発問題・技術革新は非常に重要で、AI やロボット、無人自動車など新しい展開がある。ヨーロッパを中心に「インダストリー 4.0」が提案されている。経済成長に結びつけるためにも、第四次産業革命が重要になっている。医薬品などの開発により健康な社会と国際競争力の増大とを可能にする「ライフ・イノベーション」の他にも、生活をどう豊かにしていくか、都市の活性化、さらにはいかに健康・医療・介護・

156　第Ⅲ部　日本とアジアの未来

教育・文化を改革していくのかも重要になってくる。

　グローバルシステムのイノベーションも忘れてはならない。ことにアジアではエネルギーや環境問題での協力が緊急の課題である。これに対処するイノベーションにより、アジアの持続的成長がありうるのではないか。

　20世紀初め、岡倉天心は「アジアは一つ」と提言した。アジアの中での文化的共通性を高め、問題点は是正して、アジアの成長力を我々みんなで協力して高めていかなくてはいけないと。21世紀は、まさに「ワンアジア」の時代である

　それでは、今後さらなる成長期を迎えるアジアで、どの国がリーダーを担うのだろうか。1990年ごろ、とあるアジアの国の指導者と話をしたことがある。日本はアジアのリーダーになれるだろうかと議論した。しかし、そのリーダーは「難しいだろう」という考えで、なぜならアジアの国々は多民族国家で様々な価値観を持つ人たちが集約しているが、日本は単一民族で価値観の違う人たちとどう付き合うかに慣れていないからだという。今もって忘れられない言葉だ。

　今後は日本がアジアをどう理解するかが、重要な課題になってくる。若い人たちは、なるべくアジアの人たちとつきあってほしい。日本に来る留学生と交流を深めてもいいし、アジアの国へ留学をするなりしてほしい。そうしてアジアの人たちの考えを十分に理解して、気持ちを通じ合うことが重要だ。若い人たちが理解し合うために青少年交流をもっと大規模なものにし、相互に理解し合う基盤を社会で構築することが肝心だ。

　原始の狩猟採集時代から、農耕社会へと移行し、工業社会になり、今は情報社会、高度金融社会になってきた。私なりに、

第八章　20世紀の日本、アジアの未来への教訓　157

今後どういった要因が経済を引っ張っていくのかを考えている。人間が求める一番高い価値は文化だと言われている。そういった高い価値を求めることが社会を高度化させ、人間の知力と創造力が社会のフロンティアを拡大していくだろう。要するに、これからの21世紀に重要なのは、人間の価値と能力だと思っている。ここアジアにおいても、人間価値主導の経済社会を考えていくべきではないか。

ヒューマニズムが尊重され、豊かな生活環境が整備され、清新な自然環境が整い、高度医療などにより健康が保たれ、社会の倫理と秩序が維持され、その上で高い文化と技術を目指す活発な知的創造活動を通じて、人間価値が十分に発揮できる条件が整った社会——これが21世紀で考え得るひとつの目標、価値ではないかと思っている。

したがってアジアが目指すべきは、グローバリズムの定着に協力し、人間の価値を尊重し、経済を高度にしていく社会像であり、それを具体化していく提案をしたいと私は考えている。

第九章 「アジアの共通意識」を喚起するには

朱建榮（東洋学園大学教授）

連続講座で感じた四つの問題点

　私が勤務する東洋学園大学は 2015 年度から 17 年度までの連続 3 年間、「ワンアジア財団」の支援を受けて、「アジアの共通意識」の形成を目指して、それぞれ「アジア『共同知』の探究——アジア共同体入門」と「伝統と未来——アジア共同体の思想的ルーツを探る」、「私たちは親しい隣人——アジア共同体の文化的共通性」を共通テーマとする連続講座を実施した。講座を通じて得た手ごたえ、感想、および問題点をここで要約し、今後、「アジアの共通意識」を構築していくにはどうすればよいかのヒントにするとともに、自分の体験と観察に基づいて、特に日本社会は、中国の台頭に象徴されるアジアの現状をどのように認識し、どのように付き合っていくかについて、検証し、提言したい。

　本学の講座は学部生だけでなく、一般社会人にも公開された。学生と社会人の両方を対象とした連続講座において、受講者からの質問、感想・レポートの提出を踏まえて、その共通項としての日本社会の対外意識における問題に関して、以下の四つを挙げられると思われる。

1　国際情勢の構造的変化、特にアジアで起きている政治・経済面の地殻変動について、若い世代はあまり知らないし、理解は極めて不足している。その背後に、日本社会全体に見られる内向きの現象が縮図されている。

2　「嫌中」「嫌韓」の感情が蔓延している。

3　ネット社会の影響で、断片的な情報がとびかう中、歴史的流れ、特に日本と関わる外交問題の複雑な背景、重層的な原因に対する理解と知識が欠如している。

4　大半の学生は上述の諸問題を抱えながらも、説得力ある講義や、自らの留学体験、他国の留学生等との対話交流を通じて、真の「アジア」について知りたいという意欲があり、ステレオタイプを覆すような柔軟性を持っている。

本学の連続講座において、印象に残るエピソードをいくつか挙げておきたい。

一つは、スリランカ出身のカセム元立命館アジア太平洋大学学長が「南アジアから見たアジアの未来」をテーマに語った内容である（第五章）。この中でカセム元学長は、アジアの歴史に刻み、未来の道しるべともなる、中国の周恩来元首相、インドのインデル・クマール・グジュラル元大統領、スリランカのジュニウス・リチャード・ジャヤワルダナ元大統領という３人の巨人を取り上げた。

アジアの連帯に尽力した周恩来、大国は小国をもっと尊重すべきと主張するグジュラル、死去の際、「右目はスリランカ人に、左目は日本人に」との遺言を残して片目の角膜を日本に贈ったジャヤワルダナ——という３人に関する紹介は学生たち

160　第Ⅲ部　日本とアジアの未来

に新鮮に映り、視野と胸襟の広さとは何かを真摯に教えた。アジアの未来を考えるうえで、各国の民衆を引っ張っていく先駆者と指導者は今後も必要だという社会人受講者からの感想も寄せられた。

　二番目に、インドネシアのユスロン駐日大使（当時）は日本と隣国との領土紛争を念頭に、インドネシアとマレーシアがどのように領土紛争に対処してきたかの経験を紹介し、「隣国同士で国境問題をめぐって摩擦が生じるのはよくあること。もっとも重要なのは、自国のナショナリズムを煽らないこと、交渉を通じて互いに譲りあって妥協点を見出すこと」と説いた（第四章）。多くの学生は「これまでの一方的な見方が変わった」と感想を書いた。

　近頃、南シナ海問題をめぐって、中国と ASEAN 諸国の対立の一面ばかりが報道されるが、2016 年 7 月 25 日、中国とASEAN10 カ国の外相は共同声明の中で、双方は南シナ海における行動規範（COC）の大枠合意の早期達成を目指すとともに、特に以下のような重要な合意が盛り込まれた。

　「今日まで居住者のいない島、岩礁、沙州などの自然構造物に居住する行動を取らないことを互いに約束する」。

　それに関して、専門家は、①関係諸国がすでに実効支配した島や岩礁の放棄を求めず、「南シナ海の現状に対する暫定的凍結」での妥協、②スカボロー礁（黄岩島）などの埋め立てをしない約束、③「当事者による交渉解決」の合意で米日など域外国の介入に警戒感を共有した、と解説している。

　　　　　　　第九章　「アジアの共通意識」を喚起するには　　161

すなわち、南シナ海問題において、関係諸国の間では一触即
発の危機はなく、妥協点を見出す可能性は十分にあることが示
されたのである。

米国に対する相対化を

三番目に、進藤栄一国際アジア共同体学会会長は、米国を相
対化するよう力説した（第二章）。日米同盟、集団的自衛権を
めぐる日本国内の論議は、米国を「善」とし、「いざという時、
米国が助けてくれる」との認識が当たり前の「前提」になって
いるが、本当にそうなのか。米国は止めようがなく没落してい
ること、「アジア力の世紀」が到来していることなどが検証さ
れた。

日本社会では、米国の価値観をほぼ唯一の基準とし、米国の
意見はすなわち「国際社会の総意」と思い込む思考様式が主流
を占めている。米国に対する相対化、という問題の提起は確か
に重要だ。アジアをめぐる100年余りの米国の対応を見れば、
常にアジアの一番強い勢力を牽制するという行動パターンが見
受けられる。

1945年までの50年間は日本がアジアで圧倒的に強かったた
め、米国は中国の肩を持ち日本の弱体化を図ったが、戦後にな
ると、旧ソ連と対抗するため、米国は手のひらを返すように日
本の再軍備を促し、吉田内閣には朝鮮戦争への派兵まで迫った。
1980年代において、日本の経済力が米国に追い付いてきたと
きは、なりふり構わぬ日本叩きをした。そして昨今は勃興する
中国を牽制するために日本に甘い言葉をかけているが、それは
果たして日本のためなのか。

162　第Ⅲ部　日本とアジアの未来

この100年の歴史で一貫しているのは、アジアにおける米国自身の主導、支配的地位を維持することが何よりも優先されていることだけなのだ。アジア諸国とも欧米に翻弄されてきたが、日中韓の３カ国のGDPだけで米国経済を凌駕する今の時代でも、他力本願で隣国同士の闘いに汲々としていいのか。米国の国力低下によって、今後、アジア諸国の間に一段とくさびが打ち込まれる可能性があり、アジアの自主性が問われている。

　四番目に、アジアの中心国に躍り出た中国をどのように見て、どう接するかという課題である。

　中国の急速な台頭で隣国に圧迫感を与え、日中間で領土問題、歴史問題をめぐって衝突しているため、日本社会において、中国に対して一定の警戒感、戸惑いを抱くことは理解できる。それにしても、中国の政治・経済・社会に対してほぼすべてネガティブな報道がまかり通り、中国に対する受け止め方が極端に悪化していることに関して、連続講座の中で村田忠禧横浜国立大学名誉教授、叶芳和元国民経済研究協会理事長という２人の講師がこの問題を取り上げ、「世界から見て異常な日本の中国イメージ」に疑問を提起した（本著第三章村田論文参照）。

　日本の中国への「好感度」が異常に低いことは複数の世論調査で示されている。最大の貿易相手国で大切な隣国なのに、こんな状態でいいのだろうか。講師は「世界は多様性に富んでいる。自分の見方を絶対視しないで、相対化、客体化してみよう」と学生たちに伝えた。

　一方、「言論NPO」が毎年公表している日中両国民に対する別のアンケート結果から、問題の所在に関するヒントが示された。「日本人と中国人のそれぞれ９割は相手国に親近感を持た

ない」との調査結果とともに、両国とも8割以上は「相手国が重要」との認識を示し、また、実は日本人も中国人も相手国に否定的なイメージを持つ人の9割以上は相手国の情報源や友人・知人を持たず、本国の情報だけで相手を判断していることも明らかになった。

自分と異なる意見を傾聴すること、日本以外にカラフルな多種多様な世界があることをもっと若い世代に伝えていく必要性を痛感した。

「木を見て森を見ず」の目線の脱却

では日本の中国観に示される認識の偏りはどこから来たのか。

その是非を議論するより前に、これまでの日本の「中国論」では現在の中国の実態の認識に追いつかなくなった、という現実を認めなければならない。

最も典型的な例は経済だ。私は経済の専門家ではないが、日本の中国経済についての評論を報道で見ると、この十数年、20数年の間、発展速度が速ければ「過熱論」「膨脹論」、遅ければ「減速論」「停滞論」と騒がれ、いずれにせよ中国経済は危ないというのが、日本の「通説」「常識」になっている。

一部には冷静に中国経済を分析する堅実な研究者もいるが、残念ながらマスコミの大半、ないし中国経済研究学者の多くも「崩壊論」と「過熱論」の両極端の間をさまようのが多数派で、大きな流れを見出す堅実な研究成果が生まれてこなかったと言わざるを得ない。

しかしまさにこの間、日本と中国の経済大逆転という世紀のドラマが展開されてきた。1990年の時点における両国のGDP

164　第Ⅲ部　日本とアジアの未来

の比較では、日本を100とすれば中国は約13、すなわち日本：中国＝8：1という比率だった。

2000年になると、日本は100、中国は26で、中国は日本の約4分の1のレベルまで追い上げた。その後の10年間、日本では中国経済は「バブル」「バブルが崩壊する」と最も叫ばれたが、2010年になると、中国経済は日本との4倍の差を一気に縮め大逆転したのである。

日本のバブル崩壊による停滞や円安などいろいろな要素があるが、2016年末の時点で中国のGDPは日本の2.5倍になっている。中国の経済と社会にはもちろん今もなお、問題が多く、質の面では先進国に追いついていないが、2020年代前半には中国の国民所得は先進国のレベルに到達し、その経済規模はアメリカに並べることはほぼ間違いない趨勢になっている。少なくとも、これまでの中国の発展について、日本的な常識や西側の先進国の経済学の常識では説明できなかったことを、結果論として認めなければならない。

では、研究の方法論において一体何が問題で、そのような結果の予測や判断のミスにつながったのか。

最近、中国のネット上で、「日本の中国研究の数字は信用していいが、結論は信用できない」というような文章が掲載された。この文章は、正式な新聞・雑誌の発表ではなく、日本のLINEに相当する「WeChat（微信）」というSNSの媒体で広がったものだが、中国と韓国の研究者の対話を紹介するところからその文章が始まり、「中国についてのいろいろなデータや動きの紹介は日本は韓国や欧米諸国より優れるが、最終的な結論になると、どうも実態から離れたものになってしまう」との

第九章　「アジアの共通意識」を喚起するには　　165

結論を見出した。その原因について作者は「日本的研究方法に長所もあれば、致命的な短所もある」と指摘したが、自分も同感である。

日本の大学で勉強した者として、非常に収穫になったのは、日本の研究の緻密さだ。私の場合も日本でそのような緻密な研究に関する方法、テクニックが叩き込まれた。一方、細かく深く掘り下げることの良さはあるが、これを全体のなかで評価して、その大きい流れのなかで把握するという研究方法は、日本ではあまり強調されていない。若手研究者は学会などで、中国経済などについて発表することはよくあるが、大抵、中国経済のジャンルの中の細部の一側面に着目するものが多く、最後の結論でも全般的な「中国経済論」まで視野を広げない。

日本の学界では個々の分野に入って、より細かい、より緻密な研究は提唱され、いつの間にか日本的な学問方法になっているが、若手研究者が「大まかな総論」、経済研究をたとえば文化論と結びつけるなどの複合的研究に踏み込むような雰囲気はなかなか見受けられない。研究者本人もそのような雰囲気の中で委縮し、より「堅実」だが、より狭い分野、視点に入ってしまい、制限のない自由思考を鍛えるチャンスが与えられずに終わるケースがほとんどになる。まさに「木を見て森を見ず」の罠にはまってしまう。

そのような思考様式と雰囲気によって、マスコミではさらによくない現象が生まれていると思われる。私は「南京大虐殺」記念館を何度か見学して、歴史的な資料や証言を多く集め、客観的な展示に務めている努力や意欲、確実な進展を感じたが、日本の一部では記念館に展示された1、2枚の写真を「間違っ

166　第Ⅲ部　日本とアジアの未来

ている」と取り上げ、「だから記念館全体がでっち上げであり、中国共産党のプロパガンダの代物だ」と批判する。それによって多くの日本人は今、「南京大虐殺」記念館に行くこと自体、「中国共産党の宣伝を認め、利用される」と恐れ、ためらってしまう。これこそ、「一部をもってその全体を否定する」宣伝方法だが、実際に記念館に足を運べば、歴史的真実はよく明確に見えてくると思う。

中国経済についても、内モンゴル自治区のオルドスや、北朝鮮国境に面する丹東などごく一部の街で一時期、不動産を作りすぎたケースを繰り返し報道・宣伝し、「だから中国経済のバブルは崩壊した」との結論が定着している。

多くの日本人は今でも中国経済は明日にも崩壊するとのイメージを持つに至っているが、中国の経済と社会全体は個々の問題を抱えながらも全般的な大発展を遂げているという最大の客観的事実を見過ごし、あるいは見てみぬことで誤った結論を導き、中国と韓国の研究者が言う「日本の中国研究はデータが正確だが、結論は間違い」との状況をもたらしているのである。

自信喪失は対外認識の歪みを招く

もう一つは心理的な問題だ。中国人の日本観について、中国人はみんな反日だと、あるいは中国政府が裏で反日を煽ったというような説が、日本に定着しているように感じられる。しかし実際に中国人の対外心理、とりわけ対日心理をじっくり観察すれば、中国人が日本嫌いであるとか、それは江沢民氏が煽ったからだという説は的を外れている。

今までの中国は、外の世界を十分に知る手がかりも余裕もな

第九章　「アジアの共通意識」を喚起するには　167

く古い記憶にとらわれたまま、対日観に心理的な一種の被害者意識、つまりコンプレックスが表れてきたのではないかと思われる。しかしそれも急激に変わりつつある。中国人の来日観光客は 2014 年に 200 万人台、2015 年に 400 万人台、2016 年は 600 万人台にとんとん拍子で伸びている、訪日客の 9 割以上は日本観光から帰ってから、「対日印象はかなり変わった、よくなった」と答えているとも報道されている。やはり「反日」と言われるのは、日本を知らないから旧来の対日観に留まるのが主な原因だと分かる。近年の中国のネットにおける日本に関する議論を見ると、日本のいい面、優れたところを素直に伝え、「中国は見習うべきだ」との声が大きく増えている。

　一方、日本人の中国観はどうか。私は日本に来て 30 年以上経つが、その大きな変化を目の当たりにしてきた。30 年前の日本は、中国に対してかなり自信を持っていた。

　1985 年、中曽根首相の靖国参拝のこともあって、中国では大規模な反日デモと暴動に近い動きがあったが、当時の日本の大半のマスコミはこれをどのように報道し、どのように対応したか。当時の日本社会は「中国人は反日である」「当局が扇動した」という結論にはほとんど結び付かず、多くの政治家や学者は、中国はまだまだ遅れているから、もっと発展して外の世界が分かっていれば、日本に対する過激な批判はしないだろうと善意を持ち、前向きに、ある種の余裕をもって解釈していた。当時の反日デモは、2000 年以降に起きたデモより何倍も激しく日本を批判し、日本製品のボイコットを叫んだが、当時の日本での主な論調は、「さあ、中国へもっと ODA（政府開発援助）をあげましょう」というものだった。

1980 年代の日本は、アメリカに追いつき、迫るような経済的な自信があり、それを背景に、中国に対して建設的なイニシアチブをいろいろと出していた。当時の日本は、「環太平洋経済協力構想」など、アジアの未来を引っ張るいろいろなアプローチや提案も打ち出した。しかし 90 年代末以降、そのような積極性、一定の犠牲と貢献を払って世界を変えていくというような意欲は全く見られなくなった。20 年間以上続いたバブル崩壊は自信喪失をもたらし、日本社会を内向きにしてしまった。その意味で、その間に中国人の反日感情が激化したのではなく、日本の中国を見る目、日本の対中心理が大きく変わり、それが対中観の変化をもたらしたというべきだ。

　中国の政治社会が真の民主主義、法治国家に到達するにはまだ道のりが長いことは言うまでもない。ただ、日本の中国観の問題を焦点に考えると、今の中国政治を単純化し、固定化し、発展段階の違いを無視して先進国の現状と安易に比べるという問題点があることを指摘しなければならない。

　中国人の大半はいつまでも一党独裁がよいとは思っていない。今の中国人にアンケートをして、「どのような国になりたいか」と問うてみると、おそらく大半の中国人は、アメリカや日本の社会のようになりたいと言うだろう。しかし、600 万人も 700 万人も大挙して日本へ観光に来て爆買いをしても、「日本に残ろう」、「日本に亡命しよう」とは考えない。なぜか。

　それはここ 20 ～ 30 年の間に中国の政治と社会がものすごく変化しているのを体験し、「ここまで大きく変わったのだから、今はまだ先進国に及ばないが、いつか追いつくだろう」と考える人が大半を占めているからだ。

第九章　「アジアの共通意識」を喚起するには　　169

その発展段階を見極めず、試行錯誤して先進国段階に至った日本の現状を単純に中国の現状と比較して、「だから中国はダメ。中国人はマナーが悪い」と決めつけることは、日本の中国観のもう一つの問題点といえる。

　民主主義は全ての国の発展段階において優先的に重要なものであり、万病に効く薬ではない。発展が遅れた段階では、国として限られた資源や資金を一定の方向に集中的に使うことによって初めて、前を走る他国との距離を縮められる。そこに「開発独裁」という、先進国に脱皮していく発展段階が生じる。

「発展段階」論で中国とアジアを見る

　日本も 1960 年代から 70 年代にかけて、半導体や様々な技術面で、当時のアメリカなどにかなり水をあけられていたが、政府は裏でバックアップし、民間と力を合わせて共同開発する、通産省の「窓口指導」といった社会主義的なやり方によって、日本はいくつかの産業分野で、欧米にいち早く追いつくことができた。

　単純に「民主化がいい」「一党独裁は悪い」という見方では、中国の現状の真実を把握できない。「民主主義万能」論ではなく、「発展段階」論の視点が中国や、ベトナム、インドなどアジア諸国の現状及びその行方を見る上でさらに重要である。

　中国の行方を見極めるうえで、参考になる対象は韓国と台湾だと思われる。両者とも中国と同じように、東洋の文化、儒教の精神をもち、価値観も近い。考えてみれば、韓国も台湾も政治や経済の独裁時代が長かった。台湾では蒋介石時代、韓国では李承晩時代がそれに当たる。

170　第Ⅲ部　日本とアジアの未来

中国大陸の鄧小平時代は、台湾の蒋経国時代や韓国の朴正熙時代に似ていて、政治は独裁のまま経済は自由化する、いわゆる「開発独裁」の段階に入った。政治独裁が続くなかで、経済に力を入れて、韓国と台湾の発展が成功した。その後を追って、ここ30年の中国の発展があったわけだ。ただ、それで歴史が終わったのではない。

　経済発展の結果として中間層が生じ、ある程度の余裕が生まれ、海外旅行と留学、教育水準の向上などに伴い、国民全体に権利意識が生まれてくる。そして、自己主張をし始める。この自己主張が広まっていくと、政治の民主化の要求に結び付く。このような段階を経て、台湾と韓国で民主化が実現したわけだが、今の中国はまさに、変化のプロセスの真っただ中にある。

　中国社会の大きな変化によって権利意識の水準が、ここ数年明らかに上がっている。さらに蓄積していくと、ある段階で、または経済の変化と共に、政治も一つの臨界点を迎える可能性がある。中国社会の構造的変化を象徴することの一つは中間層の拡大だ。大ざっぱに言えば、世界的基準で見ても、収入の上で一定の余裕がある人たちは、今の中国で5億人以上いる。それが中国の中間層を構成している。一方、まだ7億人ぐらいの低所得層が存在する。習近平国家主席は、中国にはまだ7000万人の極貧人口があるとし、2020年までに全て解消することを公約している。

　しかし、今の中国社会と国民意識ないし政治の変化を引っぱっているのは明らかにこの5億人余りの中間層である。今や中国のネット社会のみならず、弁護士・知識人・大学生・ホワイトカラーといった幅広い階層において、民主主義や法治を求

める声が上がっている。ITの発達という情報化時代の到来も
背景の一つだが、根本的には中国社会の中間層は進んで「知る
権利」と「参加する権利」を求め、社会を変えてきた。そのよ
うな背景と社会的な底流、および中国で起きている思考様式・
権利意識などの大きな変化を理解しなければ、中国社会の現状
に対する正確な判断と認識に近づかないし、中国社会の行方、
これから起こり得ることへの理解と予測にもつながらない。

21世紀に入って、中国に関する情報は溢れ出している。日
本の中国研究者はかつて全4ページの「人民日報」を行間から
細かく解読し、表現の微妙な差から変化と差異を読み取ること
を得意としていたが、今日では、同じ手法はもはや通用しない。
「ミクロ」と「固定された状態」を追究する古い研究の方法で
は、すべての分野における変化が花火のように発散する現状を
追いきれない。やはり様々な情報を「斜め読み」して、多々の
矛盾する言動の中で「傾向」や「トレンド」を見出すこと、言
論の自由に一定の制限がある中でも表現されている大衆的な願
望と目指す方向を理解すること、それから、個々の動きではな
く、1年、2年ないし5年スパンでその構造的変化の流れを把
握するといった「マクロ」重視、「動的均衡」を追求する新し
い方法論が求められているのではないだろうか。

習近平政権の対日観の基本

中国の対日政策をどのように理解すればよいか。江沢民・胡
錦濤時代には、中国指導部はこれといった対日方針をもってい
なかったように思われる。毛沢東・鄧小平時代の方針を一応、
受け継ぎながら、その時々の情勢への対応に終始していた。こ

れは対日政策だけでなく、国内政策についてもいえることで、江沢民、胡錦濤の２人はオーナー社長に指名されたサラリーマン社長のような存在であり、前任者に見習い、決まった枠からはみ出さず、リスクもとらないやり方だった。

　しかし、習近平時代になると、中国の経済・社会・対外関係のいずれをとっても、前の路線を踏襲するだけでは問題を打開できない。革命家第二世代としての習近平氏は、毛沢東、鄧小平の創業者社長のような意識や意欲を持ち、現存の枠にとらわれず、リスクも覚悟したうえで、背水の陣の思いで新しい時代を切り開こうという気配を感じさせている。父・習仲勲が建国世代の副首相（1952 ～ 62 年）だったこともあり、やはり親がつくった中国という国や体制を自分の世代で葬ってはいけないという危機意識や意欲を、習近平は持っていると思われる。

　その意味で、鄧小平時代以来の新しい対日戦略・方針も、今の中国で模索され、形成されつつある。江沢民時代・胡錦濤時代の延長で見ていては答えが出ない。習近平政権の対日政策の変遷と新しい動向に関しては、本書第一章（久保孝雄論文）と第三章（村田忠禧論文）の後半で触れているので、詳しく述べないが、２点指摘したい。

　一つは、習近平政権の対日観の基本にあるのは、「二分論」の思想であることだ。「二分論」とは、1955 年ころから、当時の周恩来首相が対日の基本方針を作成する過程でまとめたもので、それ以後、中国対日政策の一つの理論的な基盤・基礎であると目されてきた。すなわち、戦争の歴史的評価について、ごく一部の戦争首謀者が悪かったけれども、大半の日本国民をそれと区別し、敵視しないという考えだ。私は、2014 年 7 月に

第九章　「アジアの共通意識」を喚起するには　　173

中国社会科学院日本研究所の日本研究機関紙『日本学刊』に、「二分論」の歴史的な経緯を整理し寄稿した（「対日"二分法"過時了嗎—歴史沿革、内涵変遷及其与時俱進之探討」）。

　この論文で私は、「二分論」が形成された背景には、抗日戦争（日中戦争）のときに多くの日本兵を捕虜にしてから教育し、その多くは反戦同盟に参加した、という自らの経験の他にも、戦後の蒋介石政権も「徳を持って怨みに報いてせよ」と提唱したこと、加えて、戦後の国際社会も、戦争の首謀者だけを処罰し、敗戦国に過酷な賠償を求めないとの精神をニュルンベルク裁判や東京裁判、サンフランシスコ講和条約を通じて示したこと、さらに東洋哲学、儒教の精神に理論的根拠を求めたこと、といった流れがあると分析した。

　その思想と原則に従って展望すれば、習近平政権は今後、わざわざ「歴史カード」を繰り返し日本に使ってくることはないと思われる。日本の首相が公然とＡ級戦犯を合祀した靖国神社を参拝するなど歴史の逆行に踏み出さない限り、中国は日本との関係改善、両国民の相互理解と親善により一層力を入れるだろう。世界的大国になりつつある中国にとって、外交上日本との協調・協力を求める内在的必然性が増えるとともに、中国経済が抱える深刻な環境問題・高齢化社会及び経済構造の転換などにおいて、日本に学び協力を求める必要性がさらに増えているからである。

　この関連で現れる習近平外交のもう一つの特徴が、すなわち世界的な視野における日本への位置づけである。ＡＩＩＢや「一帯一路」構想に見られるように、中国の経済発展は世界を舞台に展開しないと未来がないとの認識が現指導部内でコンセンサ

スを得ている。一方、中国の国力が間もなくアメリカに追い付く現段階では、アメリカは絶対簡単に容認せず、あの手この手で邪魔してくるとの認識もあり、したがって習近平政権は、いかにアメリカの圧力や妨害をかわして、世界における経済力・国力ナンバーワンの地位を獲得するかに外交の重点を置いていると思われる。

　今後10〜20年の中国の外交は、アメリカとどのように渡り合っていくのかを軸の中心に据えているため、日本との関係もこの中で位置づけられ、これ以上、日本社会をアメリカ側に追い込むことは中国にとって得策でないという判断が導かれる。

　中国はユーラシア外交を主導する意欲を見せているが、それを進めるためには日本を巻き込み、日本との協力が不可欠だというような認識が、習近平政権に生じていると判断していいと思われる。

　ここから、中国の釣魚島（尖閣諸島）問題に関する対処方針も見えてくる。日本国内では、中国はいつか軍事力でこの島に攻めてくるのではないかとの懸念ないし恐怖感が広がっているが、もう少し中国側の立場と本音を冷静に研究して、軍事侵攻は中国にとって果たしてメリットがあるかどうかを見極める必要がある。私は、日中間の係争する島をめぐってどちら側も軍事力を使うことは最も悪い策になると思う。中国は軍を使えない根本的な理由は少なくとも三つある。

　第一、中国が軍を出した瞬間、日本だけでなく周りの国はみな中国を恐れ、アメリカによる対中包囲網に加わるのが必至なことである。もし軍事行動に出れば中国外交は徹底的に孤立し、国際社会で責任ある、影響力ある大国の地位を築くことを目指

第九章　「アジアの共通意識」を喚起するには　　175

す中国は、外交上の最優先目標を自らぶち壊すことになる。

第二に、クリミア問題などで分かるように、今日の国際社会では一方的に軍を出した瞬間、国際社会から経済制裁を受ける。今の中国経済はロシアよりはるかに世界経済に依存しており、このような制裁には耐えられない。

第三に、釣魚島（尖閣諸島）は台湾のすぐ横にある。仮に中国軍が占領に成功して常駐したとすると、一番怖く感じるのは台湾であり、中国と台湾との平和的統一は不可能になる。

中国の論理で考えれば、軍を出すとなれば中国にとって失うもののほうが圧倒的に多い。にもかかわらず、日本では中国軍の進駐がよく騒がれる。それは、相手国の発想や立場を考えず自国の発想に相手を当てはめる日本的発想の典型例と言えるし、逆に中国からみれば、我々からの軍事的侵攻がありえないのに、それをひたすら強調し、日本国民の対中恐怖心を煽るのは別の理由、計算があるからではないか。戦後以来の自衛隊に対する束縛を解き軍備拡張のための理由として利用しているのではないかと、安倍政権に一段と警戒感を抱く理由だ。

2014年11月に日中が交わした4項目合意は両国間の公式文書として初めて、日本語では「尖閣諸島」という表現を、中国語では「釣魚島」という表現を盛り込んだ。それぞれの受け止め方は違っていても、問題の存在を互いに認め、紛争を棚上げにする可能性が生まれたと評価できる。中国側は周恩来、鄧小平らの指導者以来、一貫してこの島に対して両国が違う認識を持つことを互いに認めて、棚上げに持ち込めばよいという主張を持ってきた。次の課題は日本側が中国との間に領土紛争の存在を認め、これ以上の緊張状態の悪化を防ぐように共に努力す

ることだ。

若い世代に希望が持てる

　本章は日本の対外認識における問題点を指摘し、どのように中国はじめアジアの隣国とともに「アジアの共通意識」を形成し、協力と共存関係を構築していくかについて論じた。話が戻るが、私はこの３年間の「ワンアジア」連続講座を通じて、アジアの未来はそんなに暗いものではなく、日本の若い世代もアジアに根強い関心を寄せており、「アジアの共通意識」を有する可能性を十分に持っていることを確認することができた。

　近年、私を含む「大人」たちはよく「今の若い世代は国や世界の未来に無関心で、何を考えているか分らない。学園紛争時代の闘争心はどこにいったのか」と嘆いた。しかし連続講座で回収した「リアクションペーパー」を読むと、多くの学生は真剣に、世界情勢や日本の在り方について考えていることが分かった。「講義内容は難しく、ついていけない」との反応も一部出たが、学生たちが親しみやすい生活や文化の話から入り、最後にアジアの未来に帰結するような講義、結論を下さずに学生自らに考えさせるような話は軒並み好評を博した。

　これらの反応を見て、教育者、「大人」たちも反省、改善すべき点が多々あると感じた。教師やマスコミ、書籍の多くは、自らが良しとする話法、理屈、「分析の枠組み」にこだわりすぎて、若い世代をよく理解をしようとする努力が不十分であり、若者と真の対話もできていないのではないかと反省も生まれた。

　安倍政権が強行した安保法制に対し、日本の大学生、高校生を含む若い世代の多くはデモや抗議活動に参加した。台湾で起

きた若者中心の「ひまわり運動」、香港で起きた「雨傘運動」との共通点を考えてみると、アジアのみならず全世界の若い世代は常にそのデリケートな感性で社会の潜在的問題を一番敏感に感受していることが分かる。日本の若い世代も「学園紛争」時代から血脈がつながっている。彼らはかつても今も、自分たちの頭で国や世界、人類の未来を考えている。彼らは「大人」たちの目がいかない Twitter、ブログ、LINE といったソーシャルメディアを駆使・活用し、そこでの情報や意見の交換を踏まえて一気に抗議行動に出る。

このような若い世代に対し、私たち「大人」たちこそ、もっと対等な立場と同じ高さの目線で若い世代ともっと対話すべきではないか。もちろん、幾分か蓄積ある知識と複合的な視点を大人たちが伝えるという責任も放棄すべきではない。

連続講座で得た一連の感想を踏まえて、アジアの未来を悲観する必要がない、と思った。アジア諸国同士の関係において摩擦・対立の部分がマスコミで大きく取り上げられるが、20 ～ 30年スパンで見ると、地域内における経済の相互依存、地域協力機構の形成はかつて予想もしなかったスピードで進展している。

次には、共通意識・連帯感の形成がより重要な課題になる。「アジアは一つ」という共通意識の拡大に向けて、地味だが、教師、学生、社会人、ジャーナリストなどはもっと「他人を知る」「他国を知る」努力を積み重ね、その過程で、何が共通項、最大公約数かを見出し、そして各国、地域全体、ないし地球全体の共通利益のために、ともに居心地よく暮らしていくために手をつなげ、心を一つにしていかなければならない。

編著者

朱 建榮（しゅ・けんえい）

1957年、上海生まれ。中国・華東師範大学外国語学部卒、1992年、学習院大学で博士号（政治学）を取得。1986年に来日し、学習院大学・東京大学・早稲田大学などの非常勤講師を経て、1992年、東洋女子短期大学助教授、1996年より東洋学園大学教授となり現在に至る。その間、2002年、米国ジョージ・ワシントン大学（GWU）客員研究員、2007年、英国ロンドン大学東洋アフリカ学院（SOAS）客員研究員。著書に『毛沢東の朝鮮戦争』（岩波書店1991年）、『中国2020年への道』（日本放送出版協会1998年）、『毛沢東のベトナム戦争』（東京大学出版会2001年）、『中国で尊敬される日本人たち』（中経出版2010年）、『中国外交 苦難と超克の100年』（PHP出版2012年）、訳書に『最後の「天朝」 毛沢東・金日成時代の中国と北朝鮮』（沈志華著、上下巻、岩波書店2016年、2017年アジア・太平洋賞大賞）、呉士存『中国と南沙諸島紛争 問題の起源、経緯と「仲裁裁定」後の展望』（花伝社2017年）など多数。

世界のパワーシフトとアジア──新しい選択が迫られる日本外交

2017年12月15日　　初版第1刷発行

編著者 ── 朱 建榮
発行者 ── 平田　勝
発行 ── 花伝社
発売 ── 共栄書房
〒101-0065　東京都千代田区西神田2-5-11出版輸送ビル2F
電話　　　03-3263-3813
FAX　　　03-3239-8272
E-mail　　kadensha@muf.biglobe.ne.jp
URL　　　http://kadensha.net
振替 ── 00140-6-59661
装幀 ── 鈴木　衛
印刷・製本─中央精版印刷株式会社

Ⓒ2017　朱建榮
本書の内容の一部あるいは全部を無断で複写複製（コピー）することは法律で認められた場合を除き、著作者および出版社の権利の侵害となりますので、その場合にはあらかじめ小社あて許諾を求めてください
ISBN978-4-7634-0837-2 C0036

中国と南沙諸島紛争
問題の起源、経緯と「仲裁裁定」後の展望

呉士存 著　朱建栄 訳

定価（本体 3500 円＋税）

平和的解決の道はあるか？

中国の南シナ海問題の第一人者による中国の立場・見解の全容の解明。
南シナ海を沿岸国の「共通の庭」と提言した著者の真意は？

東アジア連携の道をひらく
脱炭素社会・エネルギー・食料

進藤榮一・朽木昭文・松下和夫 共編
編集協力 国際アジア共同体学会
定価（本体1800円＋税）

アジアに環境・エネルギー・食料の共同体をつくる

トランプ政権下のアメリカが、温室効果ガス規制協定やTPPから離脱した今、すでにアジアは民間・政府レベルで共通問題へと取り組み、連帯へと向かっている。
ASEAN、RCEP、AIIB、「一帯一路」、アジアスーパーグリッド——専門家、ジャーナリストなど気鋭の論客37名による最新状況の報告と展望。多数のコラム収録

史料徹底検証 尖閣領有

村田忠禧 著
定価（本体 2000 円＋税）

尖閣諸島はどのように日本の「固有の領土」になったのか

外務省・内務省公文書の丹念な分析から明らかになる領有過程。「沖縄近海無人島取調」から「尖閣」領有までの10年。
事実を尊重する誠実な態度こそ領土問題解決の第一歩

なぜ、いま東アジア共同体なのか

東アジア共同体研究所 編
鳩山友紀夫・進藤榮一・高野 孟・
中島政希・島袋 純 著
定価（本体2000円＋税）

東アジア共同体構想の推進こそが未来を拓く

国際環境の大変動に日本はいかなる構想力をもって対応すべきか？

すべての偉大な歴史的出来事は、ユートピアとして始まり、現実として終わった。――クーデンホフ・カレルギー（EUの父）

アジア共同体と日本
和解と共生のために

殷 燕軍・林 博史 編
定価（本体2000円＋税）

東アジアの過去と未来——和解と共生、発展を阻むものは何か？

日本・中国・韓国の研究者がそれぞれの立場と視点から現状と課題を解明。

アジアの共生と平和のために。

沖縄自立と東アジア共同体

進藤榮一・木村 朗 共編
定価（本体2000円＋税）

"沖縄"に光をあてる！　琉球・沖縄からの視座

二重の植民地支配からの自立へ向けて。
谷口誠元国連大使推薦！
「21世紀を切り拓く沖縄の思想がここに詰まっている」

食料自給は国境を超えて
食料安全保障と東アジア共同体

豊田 隆 著
定価（本体 2500 円＋税）

食料自給率 39% で日本の〈食〉は大丈夫か？

稲作文化を共有するアジア諸国による国際食料協力に光をあて、孤立国家の食料自給論から脱皮し、東アジア地域の包括的食料安全保障へと歩みだす道を提起する。

グローバル食料危機時代の新たな食料安全保障。